怎样到RCEP成员国投资

柬埔寨篇

张晓君　肖　敏　主编

微信扫码

- 配套音频
- 交流社群
- 投资智库

音频授权码（仅供一台设备使用）

广西人民出版社

图书在版编目（CIP）数据

怎样到 RCEP 成员国投资 . 柬埔寨篇 / 张晓君，肖敏主编 . — 南宁：广西人民出版社，2024.2
ISBN 978-7-219-11630-2

Ⅰ . ①怎… Ⅱ . ①张… ②肖… Ⅲ . ①对外投资—直接投资—研究—中国、柬埔寨 Ⅳ . ① F832.6

中国国家版本馆 CIP 数据核字（2023）第 209396 号

ZENYANG DAO RCEP CHENGYUANGUO TOUZI · JIANPUZHAI PIAN

怎样到 RCEP 成员国投资 · 柬埔寨篇

张晓君　肖　敏　主编

总 策 划　韦鸿学
执行策划　严　颖
责任编辑　蓝雅琳　周娜娜　廖　献　吴语诗
责任校对　徐蓉晖　覃丽婷
装帧设计　王程媛

出版发行　广西人民出版社
社　　址　广西南宁市桂春路 6 号
邮　　编　530021
印　　刷　广西民族印刷包装集团有限公司
开　　本　787mm × 1092mm　1 / 16
印　　张　16.5
字　　数　237 千字
版　　次　2024 年 2 月　第 1 版
印　　次　2024 年 2 月　第 2 次印刷
书　　号　ISBN 978-7-219-11630-2
定　　价　78. 00 元

■ 本书编委会

主　编　张晓君　肖　敏

副主编　陈　洁　鲁学武

成　员　罗传钰　邓　珊

陈　晨　马小晴

前言

2020年11月，由东盟十国和中国、日本、韩国、澳大利亚、新西兰（共15个国家）共同参加的《区域全面经济伙伴关系协定》（RCEP）正式签署并于2022年1月正式生效，为区域国家的经贸交往搭建了高层次区域合作平台。2023年6月2日，RCEP对菲律宾正式生效，标志着该协定对15个签署国全面生效。该协定成就了目前国际社会具有全球最多人口的自由贸易区，使得更多的国家、企业、个人等从区域合作中受益。该协定为发展中国家和发达国家之间以及发展中国家相互间开展高层次、高质量、全方位开放合作提供了新的实践，为促进自由贸易和多边主义发展注入了强劲动力。

《区域全面经济伙伴关系协定》已在各成员国全面生效和实施，使得提供高质量的涉RCEP各成员国法律服务也凸显其重要性和迫切性。高质量的涉RCEP各成员国法律服务离不开对RCEP各成员国法律制度的了解和研究。在此背景下，中国—东盟法律研究中心携手长期耕耘东盟法律事务的广西鼎峰律师事务所，本着为我国海外投资战略服务的理念，遵循为我国投资者在RCEP成员国投资提供法律实务服务的基本宗旨，组织编写了怎样到RCEP成员国投资系列图书。

中国—东盟法律研究中心由中国法学会于2010年创设，依托西南政法大学，整合中国与东盟法律法学界资源，开展对东盟法律的系统性、基础性和前瞻性研究，为本区域的繁荣发展提供法律政策上的智力支持。广西鼎峰律师事务所是一家专注服务企业家及承接商事诉讼和国内外贸易咨询的商事服务机构，设有东盟法商部，为中国与东盟各国企业提供全方位法律服务。中国—东盟法律研究中心与广西鼎峰律师事务所合作编撰图书，是双方合作的新途径，将会为双方未来在东盟领域的法条查明、法律服务、人才培养、案例教学等合作带来更多机遇。

怎样到RCEP成员国投资系列图书是一套具有鲜明特色的涉外法律专业性图书。本系列图书编写团队既有实践经验丰富的法务专家和律师，又有理论水平较高的法学博士和高校法学教师；本系列图书不仅注重从理论研究解读法律文本，系统地向读者介绍和评述了RCEP成员国有关投资的法律政策，而且也注重从实务的角度来提出对策建议，如安排案例（实例）讨论的方式，总结分析在RCEP成员国投资应当注意的问题。RCEP成员国相关专业领域的法学、法律事务等专家学者为本系列图书的研究提供了宝贵的建议，确保了图书的权威性。本系列图书可为社会各界研究和运用RCEP成员国法律政策提供参考。

2023年8月

柬埔寨专家推荐

It has been a long time since China and Cambodia established and formed friendly relationship. The two countries have extensive and in-depth cooperation and exchanges in the fields of politics，economy，humanities and education. In recent years，China and Cambodia have formed a stable bilateral economic and trade exchange and cooperation mechanism. This book introduces the Cambodian foreign investment legal system in detail by combining theory with practice, which has important reference for entrepreneurs，law teachers，judges，prosecutors and lawyers who are engaged in studying and researching Cambodian investment law and related practices.

长期以来，中国和柬埔寨建立并形成了友好关系。两国在政治、经济、人文、教育等领域有着广泛且深入的合作和交流。近年来，中国和柬埔寨两国形成了稳定的双边经贸交流和合作机制。本书内容理论结合实践，翔实介绍了柬埔寨外商投资法律制度，对了解、研究和从事柬埔寨投资法律及相关实务的企业家、法学教师、法官、检察官、律师等具有重要的借鉴意义。

HORN SOKHEMRIN

Horn Sokhemrin（洪恩）

柬埔寨王国白马省法院院长

The full entry into force of the Regional Comprehensive Economic Partnership (RCEP) will promote China-Cambodia economic and trade cooperation to a new level. *How to Invest in RCEP Member States: Cambodia* is a professional book with distinctive characteristics to introduce Cambodia's investment legal system. This book not only focuses on the study of Cambodia's investment legal system, but also focuses on the analysis of Cambodia's investment practice. The publication of this book will have academic and practical reference value for those who are committed to the study of the legal systems in China and Cambodia.

《区域全面经济伙伴关系协定》(RCEP)的全面生效，将会促进中柬经贸合作跨上一个新的层次。《怎样到RCEP成员国投资 · 柬埔寨篇》是一本具有鲜明特色的介绍柬埔寨投资法律制度的专业性书籍。在内容上，本书不仅注重对柬埔寨投资法律制度的研究，而且也注重柬埔寨投资实务的分析。本书的出版将会对那些致力于中柬法律制度研究的人们具有法律学术研究和实践应用的参考价值。

EN SOPHEAP

En Sopheap（符树安）

柬埔寨王国政府律师（副部级）

目　录

绪 论
RCEP背景下柬埔寨的投资机遇

怎样到RCEP成员国投资

柬埔寨篇

作为世界上最不发达国家之一，柬埔寨的经济基础薄弱，给政治局势及社会稳定带来了一定的影响，因此，自1993年恢复实行君主立宪制度后，柬埔寨在政治、经济及社会各领域加大规划与投入，这些努力在近年来取得了一定的回报，不少外国投资者将柬埔寨视为投资目的地之一。中国与柬埔寨有着悠久且扎实的友好关系，中国是柬埔寨最大的外国投资者，也是柬埔寨最大的贸易伙伴。近年来，柬埔寨充分利用中国—东盟自由贸易区和中国国际进口博览会、中国进出口商品交易会、中国—东盟博览会等国际平台，提升自身产品在中国的竞争力和知名度。两国地方也在发挥各自作用，利用现有双边和区域的贸易平台，加强务实经济合作，特别是货物和服务贸易、数字贸易。

而RCEP更为中国与柬埔寨双方提供了合作和优化利益的巨大潜力。2022年，中国与柬埔寨在双边及多边领域的合作进入快车道，预示着两国将迎来更加美好的合作前景。

第一节 柬埔寨现有投资环境

1993年，随着国家权力机构的相继成立和民族和解的实现，柬埔寨进入和平与发展的新时期。柬埔寨是东南亚国家联盟成员国，也是世界上最不发达国家之一，经济以农业为主，工业基础薄弱。自1993年起恢复实行君主立宪制度后，柬埔寨致力于维护一个安全稳定的国内局势，以此确保经济发展与转型，改善人民生活水平，努力在2027年脱离最不发达国家行列。

得益于稳固的政治局势、明确的发展规划、稳定的财政状况以及丰富的公约利好，柬埔寨近年来发展势头迅猛，吸引了国际社会及外国投资者的密切关注。

一、政局稳定

柬埔寨实行多党制和自由市场经济，立法、司法和行政三权分立。国民议会是柬埔寨最高权力机关和立法机关，每届任期5年，下设10个专门委员会。首届国会成立于1993年。国会议员均由普选产生。宪法赋予国会的职权主要有立法权、财政控制权、监督权和议会自治权。

参议院是国家立法机关，每届任期6年。首届参议院成立于1999年3

月25日。议员一部分由国王任命，另一部分以非普选的形式选出。宪法赋予参议院的主要职权有立法权和议会自治权。

柬埔寨司法独立。法院系统有初级法院、上诉法院和最高法院三级。最高法官委员会是司法系统的管理部门，负责监督法院工作，拥有遴选、任免法官的职权。该委员会由国王主持，由国王、最高法院院长、总检察长、上诉法院院长和检察长、金边法院院长和检察长以及两位法官共9人组成。柬埔寨无独立检察院，各级法院设检察官，行使相关职能。

政府是最高行政机构，负责领导全国行政工作，领导军队、警察、其他武装力量和行政机构。其任务是根据宪法制定的基本原则，保证法律执行、国家政策实施及领导全国的行政工作。政府设有首相、副首相、国务大臣、大臣、国务秘书等，所有成员需由国会举行信任投票通过后，由国王颁发委任令。首相是政府首脑，带领全体政府成员就全面政策和政府的活动对国会负责。

国会议席根据选举结果分配，获多数席位的政党负责组建新一届王国政府。柬埔寨现政府为第七届政府，成立于2023年8月。政府共设首相1人、副首相10人、国务大臣21人，设立28个部和2个国务秘书处。

作为实行多党制的国家，柬埔寨的政党政治活跃，且政党派别纷繁复杂。各党基本能在宪法的范围内开展活动。柬埔寨人民党现为执政党和第一大党。

1993年大选后，人民党作为第二大党与第一大党奉辛比克党联合执政。在1998年大选中，人民党获胜并成为第一大党。在此后2003年、2008年、2013年和2018年的大选中，人民党均获胜，获得议会大多数席位。而在2019年5月举行的第三届首都省市县区选举中，执政人民党也以较大优势获得胜利。2023年7月23日，柬埔寨举行第七届国民议会选举，人民党获得80%的选票，赢得国会125个席位中的120个，取得压倒性胜利。

在人民党执政时期，政府主张对内维护政局稳定，致力于经济发展和脱贫，建立民主法治国家；对外奉行独立、和平、中立和不结盟政策，支持建立国际政治经济新秩序，主张加强南南合作、缩小贫富差距及加强区域合作，维护地区和平与繁荣。政府还重视同邻国的友好合作以及与中、日、法等大国发展友好关系，积极改善同美国及其他西方国家的关系。

柬埔寨政府尤其重视从战略角度拟定国家发展方向。从2004年开始，在实施“三角战略”的基础上，柬埔寨政府根据本国经济发展的历史经验与教训，针对当时国内和国际的政治经济形势，提出了以优化行政管理为核心、加快农业发展、加强基础设施建设、吸引更多投资和开发人才资源的“四角战略”，旨在通过有效管理和深入改革，促进经济增长，解决民众就业，保障社会平等与公正。近十多年来，柬埔寨的“四角战略”一直是指导国民经济与社会发展方向的战略规划，柬埔寨经济保持持续快速增长的势头、农业的基础地位日益加强、产业结构逐步优化、基础设施有所改善、贫困问题得以缓解，并取得了显著成就。2016年，柬埔寨从低收入国家转变为中等偏下收入国家，是东盟国家中最后一个摆脱低收入国家的经济体。

得益于此，柬埔寨于2023年5月5—17日承办了第32届东南亚运动会，各国参加人员达1万人。柬埔寨向参与第32届东南亚运动会的各国运动员代表提供免费食宿、向所有国家免费提供赛事转播权、向民众和外国游客免费发送门票。借举办第32届东南亚运动会的契机，柬埔寨的城市建设迎来了质的飞跃，服务业、旅游业的国际知名度也将大大提升。因此，2023年将成为柬埔寨经济新的发力点。

这表明，柬埔寨在人民党的执政领导下，维持了稳定的政治环境，政府的相关政策得到了民众的支持，为柬埔寨的经济发展打下了较好的基础。

二、预算状况较好

2022年，柬埔寨国家财政预算结余40870亿瑞尔，约合10.22亿美元。其中，预算执行收入261923亿瑞尔，约合65.48亿美元，同比增长23.5%；预算执行支出221053亿瑞尔，约合55.26亿美元，同比增下降3.6%①。

根据柬埔寨经济和财政部（Ministry of Economy and Finance，简称MEF）报告，2023年柬埔寨将着重于刺激经济复苏，并出台包含对内部和外部威胁的应对措施。政府支出392062.05亿瑞尔，相当于96亿美元，占国内生产总值（GDP）的29.87%，比2022年预算增加13%②。相关预算除了用于促进经济、改善民生，还将用于举办第32届东南亚运动会、筹备大选等相关政府项目的支出。

柬埔寨政府预计2023年的总收入将达到72.1亿美元，较之2022年增长14.5%。此外，政府还计划在2023年从其他国家借入17亿特别提款权，约22亿美元。这使得政府预算赤字占GDP的7.54%。而政府将通过对外融资、政府存款、支持资金和发行政府债券等方式来填补预算赤字。

根据柬埔寨经济和财政部统计，截至2021年底，柬埔寨政府外债累计94.9亿美元，主要用于交通、水利、电力、港口等基础设施建设，借款主要来源于中国、日本、韩国、法国、印度等国家和世界银行、亚洲开发银行等银行③。

2022年2月，国际评级机构穆迪投资者服务公司对柬埔寨主权信用评级为B2级，展望为稳定。

---

① 《2022年柬埔寨宏观经济形势及2023年预测》，中华人民共和国商务部网站，http：//file.mofcom.gov.cn/article/zwjg/zwxw/zwxwyz/202305/20230503409191.shtml。

② National Assembly approves 2023 budget，https：//www.khmertimeskh.com/501193657/national-assembly-approves-2023-budget/.

③ 《对外投资合作国别（地区）指南 · 柬埔寨（2022年版）》，http：//www.mofcom.gov.cn/dl/gbdqzn/upload/jianpuzhai.pdf。

三、通货膨胀率居中

受新冠疫情和俄乌冲突的影响，全球供应链问题加剧，且持续时间超出预期，能源、食品和商品价格居高不下，东盟各成员国近两年通货膨胀问题突出。

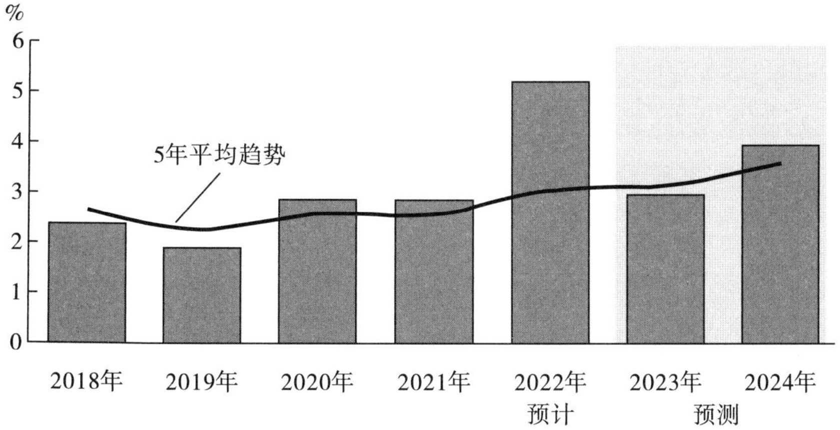

图1 柬埔寨通货膨胀率趋势（2018—2024年）

受这些因素影响，2023年1月，柬埔寨的通货膨胀率为3%。而柬埔寨政府预计2023年年均通货膨胀率为2.5%[①]，但预计2024年将上升至4.0%（见图1）[②]。

四、各产业发展迅速

柬埔寨经济产业主要可简略地划分为三类：农业、工业（主要是纺织服装产业和建筑业）和服务业（主要是旅游业）。

据柬埔寨政府预测，2023年柬埔寨经济增长将达6.6%，GDP将达

① 《2022年柬埔寨宏观经济形势及2023年预测》，中华人民共和国商务部网站，http：//file.mofcom.gov.cn/article/zwjg/zwxw/zwxwyz/202305/20230503409191.shtml。

② 亚洲发展银行：《亚洲发展中国家的经济趋势和前景：东南亚》，2022，第193页。

322.91亿美元，人均GDP涨至1924美元。美元与瑞尔汇率保持在1∶4065范围内。外汇储备达221.49亿美元，可保证7.6个月的进口需要。工业增长9.2%、服务业增长6.6%、农业增长1.1%[①]。

（一）工业是支柱产业

柬埔寨工业、科技和创新部报告显示，2022年柬埔寨在运营的大型工厂共1982家，较上年增加103家。新成立的大型企业186家，同比减少23家。关闭的大型企业83家。全年创造1026671个就业岗位，同比增长4.05%。截至2022年底，柬埔寨共有工业手工业企业43997家，创造451024个就业岗位，主要涉及纺织制衣、食品、饮料、木材加工、纸产品和印刷、化工、橡胶、塑料、金属生产和加工等行业。全年工业领域投资额166.91亿美元，同比增长20.84%，投资目的地主要位于首都金边市、西哈努克省、甘丹省、实居省、柴桢省和贡布省等[②]。

制造业和建筑业是柬埔寨工业的两大支柱。

一方面，制鞋和成衣行业占柬埔寨出口比重的七成以上。纺织业是工业的支柱产业，主要生产服装、箱包、鞋和布料等，旅游用品也成为新品类。柬埔寨1600万人口中，有200万人直接或间接靠制衣制鞋业的收入维持生计。该领域的优势在于，凭借本国劳工成本低廉的优势充分利用美国、欧盟、日本等28个国家和地区给予柬埔寨的普惠制（GSP）待遇等优惠政策；而劣势主要表现为基础设施和技术落后、资金和人才匮乏等。

为促进这些行业的发展，柬埔寨于2022年3月21日实施了《服装、鞋类和旅行用品生产业发展战略（2022—2027年）》。同时，柬埔寨政府还将汽车和电子行业确定为潜在优先行业，以加快柬埔寨参与全球价值链进程。

---

① 《2022年柬埔寨宏观经济形势及2023年预测》，中华人民共和国商务部网站，http：//file.mofcom.gov.cn/article/zwjg/zwxw/zwxwyz/202305/20230503409191.shtml。

② 《2022年柬埔寨宏观经济形势及2023年预测》，中华人民共和国商务部网站，http：//file.mofcom.gov.cn/article/zwjg/zwxw/zwxwyz/202305/20230503409191.shtml。

随着美国和欧洲需求减弱，柬埔寨服装、鞋类和旅行用品的增长放缓，预计在2023年放缓至5.8%。然而，受益于新生效的双边及多边经贸合作协定等利好因素，柬埔寨制造业预计在2024年重新加速至7.8%。

另一方面，建筑业和房地产业是柬埔寨近年异军突起的产业。其主要依靠商业、酒店、住宅、别墅、制衣制鞋和农产品加工等行业的厂房、经济特区和工业园区等基础设施的大量兴建。2022年，柬埔寨共批准4276个建筑项目，同比减少27个，建筑面积728.98万平方米，投资额29.72亿美元，同比分别下降43.92%和344.27%。其中：部级批准建筑项目226个，同比减少162个，建筑面积565.9万平方米，投资额23.59亿美元，同比分别下降46.7%和44.09%；省级批准建筑项目4050个，同比增加135个，建筑面积163.08万平方米，投资额6.13亿美元，同比分别下降36.74%和44.97%[①]。然而，外国买家的需求下降，将影响对建筑业的投资，因此建筑业的恢复速度预计保持缓慢。

（二）农业是优先产业

柬埔寨的农业存在一定的优势，如农业资源丰富、自然条件优越、劳动力充足、市场潜力较大，因而大米、橡胶、香蕉、芒果、玉米、腰果、胡椒等产品是该国农业主要的出口产品。受出口农作物产量的推动，预计2023年农业将增长1.1%，2024年将增长1.2%[②]。

2022年，柬埔寨全年实现稻谷种植面积340万公顷，较2021年减少149552公顷，同比下降4.21%，其中旱季稻64万公顷，雨季稻276万公顷；全年稻谷产量1162万吨，同比减少4.77%，其中旱季稻291万吨，雨季稻871万吨。柬埔寨全国经济作物种植面积1574331公顷，可收获面积

---

① 《2022年柬埔寨宏观经济形势及2023年预测》，中华人民共和国商务部网站，http：//file.mofcom.gov.cn/article/zwjg/zwxw/zwxwyz/202305/20230503409191.shtml。

② 亚洲发展银行：《亚洲发展中国家的经济趋势和前景：东南亚》，2022，第193页。

1417261公顷，产量18668106吨，较上年减少2.56%[①]。

此外，柬埔寨全年大米出口637004吨，同比增长3.23%，出口至56个国家和地区，主要为中国（288830吨，同比下降6.74%）、欧盟22国（204323吨，同比增长31.17%,）、东盟4国（马来西亚、文莱、新加坡和越南，共64733吨）、其他29国（79118吨）。2022年共有61家大米出口企业[②]。

2020年，柬埔寨农业种植面积最大的三大品种分别为水稻、天然橡胶和木薯，水稻种植面积达到291.74万公顷，占柬埔寨总体农业用地的50%以上，天然橡胶和木薯的种植面积分别为43.74万公顷和25.48万公顷[③]。

近十年来，柬埔寨的水稻种植面积变化十分平缓，集中在300万公顷左右。近两年种植面积略有下降，但自2015年开始，水稻产量连连提高，除满足国内需求外，柬埔寨还向其他国家和地区出口大米，其中中国是柬埔寨最大的大米出口市场。

橡胶作为柬埔寨最重要的经济作物，是柬埔寨最重要的出口商品之一，长期获得柬埔寨政府的针对性扶持与补贴。

木薯是柬埔寨种植面积最大的块茎类作物。柬埔寨是亚洲第四大木薯生产国，也是世界第十大木薯生产国。柬埔寨木薯的种植、收获、加工和出口是增加就业和维持成千上万家庭生计的重要产业，也是除水稻与天然橡胶之外的农民的主要收入来源。

但是由于基础设施和技术落后、资金和人才匮乏等，柬埔寨农业经济的增长率不高。基于此，柬埔寨政府将农业列为优先发展的领域，竭力改

---

① 《2022年柬埔寨宏观经济形势及2023年预测》，中华人民共和国商务部网站，http：//file.mofcom.gov.cn/article/zwjg/zwxw/zwxwyz/202305/20230503409191.shtml。

② 《2022年柬埔寨宏观经济形势及2023年预测》，中华人民共和国商务部网站，http：//file.mofcom.gov.cn/article/zwjg/zwxw/zwxwyz/202305/20230503409191.shtml。

③ 《一文看懂柬埔寨的农业情况及作物种植结构》，https：//cn.agropages.com/News/NewsDetail---25348.htm。

善农业生产及其投资环境，从基建、技术、物流和信贷等方面吸引外资来柬埔寨发展农业。

（三）旅游业是第二大支柱产业

旅游业是柬埔寨经济发展的第二大支柱产业，被柬埔寨政府誉为“绿色黄金”。

十多年来，旅游业逐渐成为柬埔寨国民经济的主要增长点和支柱产业。柬埔寨旅游部报告显示，2022年柬埔寨全国共接待外国游客227.66万人次，同比增长1058.6%，旅游收入14.15亿美元，同比增长669%，对国内生产总值贡献率约3.6%。前五大游客来源地分别为：泰国（853376人，同比增长942.7%）、越南（463995人，同比增长1997.6%）、中国（106875人，同比增长133.5%）、美国（93386人，同比增长1329%）、老挝（92609人，同比增长32740.1%）。其中：空路来柬79.16万人，同比增长693%；陆路和水路来柬148.5万人，同比增长1436.2%。金边、暹粒和西哈努克三大国际机场是重要的外国游客入境地，入境人数分别为609667人、165180人和16756人，同比分别增长575.6%、15124%和97.1%[①]。

由于旅游业复苏更加强劲，将继续推动服务增长。服务业增长预计在2023年加速至7.3%，然后在2024年放缓至6.8%[②]。目前柬埔寨的很多省市都将旅游产业定位为“优先发展行业”“支柱产业”“特色产业”来加快发展。

同时，柬埔寨政府研究后发现，商务游客占赴柬游客构成的10%。因其投资经商的身份，商务游客赴柬频繁，逗留时间长，消费也多，普通游客到柬埔寨旅游的平均消费为700美元至800美元，商务游客人均花费

① 《2022年柬埔寨宏观经济形势及2023年预测》，中华人民共和国商务部网站，http：//file.mofcom.gov.cn/article/zwjg/zwxw/zwxwyz/202305/20230503409191.shtml。

② 亚洲发展银行：《亚洲发展中国家的经济趋势和前景：东南亚》，2022，第193页。

2000美元至3000美元[①]。

为此，柬埔寨旅游部于2022年8月初开始制定《特殊游客政策》草案，旨在吸引普通游客转变为度假型游客和商务游客。其中，为吸引外国退休人士，柬埔寨旅游部正考虑允许他们在柬埔寨主要旅游目的地买房，用于度假休闲。

（四）发布了碳中和计划

2022年2月14日，柬埔寨发布了碳中和计划，成为东南亚地区第一个发布到2050年实现碳中和计划的国家。在计划中，柬埔寨承诺2030年国内森林砍伐量减少一半，2040年实现温室气体零排放，2050年实现碳中和。

同年5月5日，柬埔寨矿产能源部表示，不再批准燃煤发电厂新开发项目，也不再允许在湄公河开发水电站，并计划推动将燃煤发电厂转为液化天然气电厂。

同年10月25日，柬埔寨与新加坡签署关于清洁能源合作谅解备忘录。该备忘录的签署是朝着实现更广泛的东盟电网愿景迈出的一步，以加强该地区的连通性、能源安全和可持续性。柬埔寨政府还与联合国开发计划署合作制定了《柬埔寨可持续发展目标投资者地图》。该地图共列出包括农业和相关工业、金融服务、基础建设等15个优先领域。预计到2025年，柬埔寨可供用以发展的投资资金将达到234亿美元，相当于GDP的69.8%。

五、各项基础设施建设加快

（一）公路

公路运输是柬埔寨最主要的运输方式，占客运运输总量的65%，货运运输总量的69%。国道主要是以首都金边为中心的8条公路，沥青路面

---

① 《柬埔寨制定“特殊旅游政策”吸引更多商务游客》，中华人民共和国国家发展和改革委员会网站，https：//www.ndrc.gov.cn/xwdt/ztzl/zgdmydylcntzhz/202208/t20220829_1334171.html。

铺设。

长期以来，交通基础设施制约着柬埔寨特别是首都金边和最大深水海港西哈努克港的发展。此前，乘车从金边沿国家4号公路去西哈努克港，最快也要5个小时，一旦遇上恶劣天气或交通事故，更是长达6个至8个小时。

对此，柬埔寨积极推动金边至西哈努克港间的高速公路连接。2019年6月18日，总经理部下发开工令。2022年10月1日，金边至西哈努克港高速公路（简称金港高速公路）举行通车典礼。金边是柬埔寨政治、经济中心，西哈努克港是柬埔寨的最大深水港、最大对外贸易中心，金港高速将有效推动两地货物运输降本增效，促进重型运输产业发展。金港高速是“一带一路”倡议与柬埔寨“四角战略”成功对接的范例，是中柬两国友好交往、密切合作的结晶，将为柬埔寨经济增长作出重要贡献。

此外，柬埔寨计划在2023年年中实施高速项目（金边—巴维特），计划于2027年完成。

（二）铁路

截至2023年，柬埔寨仅有南北两条铁路线，总长655公里，均为单线米轨，即北线从金边至西北部城市诗梳风，全长385公里，建于1931年；南线从金边至西哈努克港，全长270公里，建于1960年。

由于持续几十年的战乱破坏，柬埔寨的铁路长期处于荒废状态。

2009年，柬埔寨政府开始复建工作，并给予王家铁路公司对国内铁路30年的特许经营权。2010年起，柬埔寨政府利用亚洲发展银行的低息贷款和澳大利亚政府提供的无偿援助以及自身财政资金，开始修复现有两条铁路。其中，南线于2016年4月30日恢复客运。现有的铁路时速在30公里至90公里之间。

柬埔寨也在探讨建设连接老挝铁路的可能性，进而与中老铁路贯通，成为“泛亚铁路”的一部分，让柬埔寨能通过铁路直接出口产品到中国。通过铁路只需4天至5天便能把货物运到中国，而靠海路则需要约两个星期。

据了解，在柬埔寨铁路总体规划下，柬埔寨计划兴建连接老挝的铁路干线，目前正在探讨其可行性和寻找投资方。当然，要开通“柬中铁路”，还需老挝政府同意投下巨资兴建长约800公里的新铁路，以连接柬老边境和万象。

此外，中越双方计划修建一条连接金边和胡志明市的新铁路，经巴维特至莫白。中越双方在2022年11月8日的会议上提议成立两国技术工作组和官员，讨论共轨问题连接点，还同意向东盟秘书处提供两国铁路连接的新昆铁路信息。

（三）空运

柬埔寨空运主要为客运，货运不发达。柬埔寨有金边、暹粒和西哈努克3个国际机场。由于柬埔寨政府执行航空开放政策，近年来，开通柬埔寨航线的航空公司数量稳步增长，在柬埔寨运营的国内外航空公司达47家。

（四）海运

柬埔寨自2023年5月5日起启动在贡布省的多功能海港建设项目。这个为期15年的项目分三个阶段进行，耗资约15亿美元。该项目由当地的贡布物流港公司投资，由上海建设集团和中国路桥集团公司承建。该海港建成后预计将成为东南亚第三大港口。该项目将兴建深水港，水深达到15米，可容纳10万吨级船舶停靠，同时兴建物流中心、炼油厂、集装箱堆场、经济特区、自由贸易区、仓库和配送工厂、旅游码头等。该项目预计2025年投运，港口吞吐量将从2025年的30万标准箱，增至2030年的60万标准箱。

六、各类公约利好

柬埔寨是一个欠发达的国家，为促进其出口，美国和欧洲都允许柬埔寨免税出口产品，全球许多重要的出口市场也消除了对柬埔寨的贸易壁垒。1999年，柬埔寨加入东盟，享受东盟与其他国家签署的自由贸易协定关税减让的优惠。

截至2022年底，柬埔寨缔结了27个双边投资条约（Bilateral Investment Treaties，BITs）、19个带有投资条款的多边协定（Treaties with Investment Provisions，TIPs）以及21个投资相关文件（Investment Related Instruments，IRI）[①]。

据此，柬埔寨既享受普惠制，又享受最惠国待遇。这使其能够进入北美、韩国和欧洲等关键市场。因此，柬埔寨比同地区的竞争对手，如新加坡、越南和泰国更具有优势。

七、对外贸易连年增长

柬埔寨自成为东盟成员国和加入世界贸易组织（WTO）后，经济发展较快，进出口贸易连年增长。根据柬埔寨商务部统计，柬埔寨主要出口市场为美国、英国、德国、日本和加拿大等；主要进口来源地为中国、泰国和越南等。

据柬埔寨海关统计，2022年柬埔寨全国进出口贸易总额524.25亿美元，同比增长9.2%。其中：出口贸易额224.83亿美元，同比增长16.4%；进口贸易额299.42亿美元，同比增长4.3%[②]。出口的主要商品有成衣和相关布制品配件、成衣和非针织布制品配件、电气设备及相关配套产品、皮具和毛具、鞋袜和相关产品等；进口的主要商品有石油和冶炼产品、针织产品、车辆、机器设备和太阳能板及配件、机器设备和电力设备及其配件、塑料原材料和塑料制品及橡胶制品等。

柬埔寨出口的农产品有稻米、玉米、木薯、天然橡胶、蔬菜和畜禽产品等，近年来，香蕉、芒果等热带水果以及腰果的出口量也开始增加。柬

① 根据联合国贸发会议UNCAD官方网站统计而得，数据截至2023年5月11日。

② 《2022年柬埔寨宏观经济形势及2023年预测》，中华人民共和国商务部网站，http：//file.mofcom.gov.cn/article/zwjg/zwxw/zwxwyz/202305/20230503409191.shtml。

埔寨农产品的主要出口市场是中国、美国、日本、韩国、印度、俄罗斯、巴基斯坦、沙特阿拉伯和哈萨克斯坦等国家及其他东盟成员国。中国仍然是柬埔寨大米出口的重要目的地，出口到中国的大米占柬埔寨总出口量的40%以上。柬埔寨进口的农产品及农副产品主要有糖、不含酒精的饮料、麦芽、蔬菜、肉类、烟草、小麦等。

八、经济特区吸引外资目光

2005年12月，柬埔寨颁布《关于特别经济区设立和管理的148号次法令》，经济特区体制开始施行。经济特区是指在柬埔寨境内，由柬埔寨政府选址和建立，实行与柬埔寨其他地区不同的商业和贸易法规的特定地理区域。经济特区提供关键基础设施，如备用电源，排污和供水，道路，设海关、税收和其他政府代表机构等。柬埔寨第一个经济特区于2005年在柴桢省巴域市建立。据柬埔寨发展理事会（CDC）统计，截至2020年底，在柬埔寨发展理事会注册的经济特区58个，正式批准40个，正在运营24个，主要分布在戈公、西哈努克、柴桢、班迭棉苦、茶胶、甘丹、贡布、磅湛和金边等省市。其中，西哈努克市经济特区数量最多，包括中国江苏红豆集团与柬埔寨国际投资开发集团合资建立的西哈努克港经济特区。

柬埔寨政府对经济特区（含工业园）内企业出台了一系列优惠政策，包括但不限于企业所得税减免以及对园区内用于基础设施建设的设备和建筑材料免征进口关税。除税收优惠外，柬埔寨还提供一系列非税优惠措施：

1. 经济区开发商、投资人或外籍雇员有权将税后投资收入和工资转账至境外银行。

2. 外国人非歧视性待遇、不实行国有化政策、不设定价格。

3. 经济区内投资企业，与其他合格投资项目同等享受关税和税收政策；出口国外市场的产品，免征增值税。

4. 对于经济区开发商，利润税免税期最长可达9年；经济区内基础设施建设使用设备、建材进口免征进口税和其他赋税；经济区开发商根据《柬埔寨王国土地法》取得国家土地特许，在边境地区或独立区域设立特别经济区，并将土地租赁给投资企业。

在近年来较有吸引力的引资政策推动下，柬埔寨发展理事会报告显示，2022年共批准新投资项目和扩大投资项目186个，同比增加10.1%；投资额40.33亿美元，同比下降7.4%。其中：农业领域1.52亿美元，同比增长13.15%；工业领域15.65亿美元，同比下降27.92%（经济特区外投资9.77亿美元，同比下降30.97%；经济特区内投资5.88亿美元，同比下降22.19%）；旅游领域4.97亿美元，同比增长288.48%；基础设施及其他领域18.19亿美元，同比下降5.35%。并且，共创造14.4万个就业岗位。

目前，柬埔寨重点发展以下几个主要经济特区：

第一，曼哈顿（柴桢）经济特区。

曼哈顿（柴桢）经济特区是柬埔寨首家经济特区，成立于2005年，运营主体为曼哈顿国际公司，面积近300公顷。特区距金边市约3小时车程，距胡志明机场约1.5小时车程，货柜出港仅需约1.5小时车程，既享受了柬埔寨的政策优惠，又兼具越南供应链及胡志明港运输等地利之便。

特区内设有政府一站式办公室，水电稳定充足，且价格优惠，设有污水处理厂，并具有开发环评执照，提供24小时轮值保安、园艺清洁队等服务。截至2023年6月，曼哈顿经济特区已成为柬埔寨规模最大的经济特区，发展面积将近300公顷，区内员工总数超过35000人，占全国劳动力的5%，每年贡献超过6%的全国出口总额[①]，主要产业包括成衣制鞋、金属加工、塑料加工、电子零件等。

---

① 《曼哈顿经济特区绿色转型　计划每年建千间工人住房》，https：//cc-times.com/posts/21821。

第二，金边经济特区。

金边经济特区成立于2006年，运营主体为金边经济特区有限公司，2022年改为皇家集团金边经济特区，总面积逾350公顷。特区位于金边市郊，距金边国际机场约8公里，并连接4号国道。特区及周边道路状况良好，可通行货柜车。特区内还有发电厂、净水设施（如未净化水库、滤水系统及水塔等）、污水处理厂、干码头等，并有10多家公司提供互联网服务。特区内主要产业为劳动密集型轻工业，如服装、鞋类、食品加工及农产品、机电产品及其他消费品（如制药、包装）等。

第三，西哈努克港经济特区。

西哈努克港经济特区成立于2007年，运营主体为柬埔寨国际投资发展集团有限公司，是中国首批国家级境外经贸合作区之一，也是中柬两国政府认定的唯一的中柬国家级经济特区，还是首个签订双边政府协定、建立双边政府协调机制的合作区，现已成为“一带一路”建设在东南亚区域的标志性项目。

西哈努克港经济特区地处西哈努克市，总体规划面积1113公顷，距离西港国际机场3公里，距西哈努克深水港12公里，连接4号国道，距首都金边210公里，交通便利、物流成本相对较低。根据柬埔寨《2015—2025工业发展计划》和政府制定的2030年西哈努克市发展愿景，西哈努克市将成为国家增长中心、国家物流中心以及现代化的工业生产中心。

西哈努克港经济特区已初步实现“五通一平”，一期和二期共建有厂房185栋，配套区建有办公、行政、医疗、培训、居住、商业等服务设施。特区内主要产业包括纺织服装、箱包皮具、五金机械、轻工家电、木业制品等，已引入来自中国、欧美、东南亚等国家和地区的企业175家。特区周边人口密集，劳动力充足且成本低，招工条件优越。

第四，波贝经济特区。

波贝经济特区成立于2014年，运营主体为Sanco Cambo（音译为三高康宝）投资集团，2022年改为皇家集团波贝经济特区，面积为66.5公顷。

特区位于班迭棉吉省边境地区，是柬埔寨和泰国重要的经济贸易大门，距曼谷310公里，车程约3.5小时；距林查邦海港250公里，车程约2.5小时。特区提供特别招工服务，给予企业招工补贴，每位工人每月共计可获得29美元补贴。特区企业多从事电子加工以及建筑材料、汽车零件等产品的制造。

第二节　中柬经贸合作再上一层楼

中国和柬埔寨两国有着悠久的传统友谊，1958年7月19日两国正式建交。长期以来，中国与柬埔寨建立了深厚的友谊，为两国关系的长期稳定发展奠定了坚实的基础。双方高层互访频繁，在文化、教育等方面交往与合作密切。2022年，中国与柬埔寨在双边及多边领域的合作进入快车道，预示着两国将迎来更加美好的合作前景。

一、双方经贸关系稳定

2010年1月1日，中国—东盟自由贸易区的全面建成，为中柬经贸合作开辟了更加宽广和畅通的渠道，提供了更多的机会。

2010年12月，两国建立全面战略合作伙伴关系。

2019年4月，两国签署《构建中柬命运共同体行动计划》，双边关系进入新的发展阶段。

为落实中柬两国领导人关于商签双边自贸协定的共识，中柬双方于2020年1月启动了中柬自贸协定谈判。仅用7个月，经过3轮正式谈判和多次首席谈判代表层面的磋商，同年7月20日，中柬双方举行视频会议，共同宣布完成谈判。同年10月12日，两国政府正式签署中柬自贸协定。

2022年1月1日，《中华人民共和国政府和柬埔寨王国政府自由贸易协定》生效，这是柬埔寨对外签署的首个双边自贸安排。这是中国与最不发达国家商签的第一个自贸协定，也是新冠疫情暴发后中国商签的第一个自贸协定。中柬自贸协定货物贸易自由化和服务市场准入都达到目前中国自贸协定最高缔约水平。在货物方面，中方给予柬方货物贸易零关税税目比例达97.53%，柬方给予中方90%税目零关税，这是双方迄今所有自贸协定谈判中的最高水平。在服务方面，双方在各自已参加的自贸协定基础上进一步提升市场开放水平，在中柬自贸协定中的市场开放承诺均体现了各自给予自贸伙伴的最高水平。需要指出的是，该协定是第一个将“一带一路”倡议合作独立设章的自贸协定，显示了“一带一路”倡议的巨大生命力，契合了中柬全方位友好关系。

与此同时，2022年1月1日，RCEP在柬埔寨生效。

2022年2月25日，柬埔寨和中国广西签署了贸易促进谅解备忘录，鼓励中国企业从柬埔寨采购更多大米、玉米、芒果、香蕉等农产品。同时柬埔寨公司与广西公司达成供应40万吨木薯片的合同。

2022年5月，柬埔寨私营部门成立了RCEP商业咨询委员会，以监测和跟踪RCEP协定实施情况。借助RCEP与中柬自贸协定的优势，柬埔寨2022年第一季度出口额近20亿美元、进口额为61.06亿美元，缓解了WTO对最不发达国家优惠待遇将到期的困境。

2022年11月8—13日，应柬埔寨首相的邀请，中国国务院总理李克强出席了第25次中国—东盟（10+1）领导人会议、第25次东盟与中日韩（10+3）领导人会议和第17届东亚峰会（EAS），并对柬埔寨进行正式访问。11月9日会谈后，中柬两国签署了农业、基础设施、教育、中医药、海关、科技、应对气候变化等领域18项双边合作文件，两国领导人出席金边至西哈努克港高速公路通车暨配套民生工程项目移交仪式。

2023年2月9—11日，柬埔寨首相应邀对中国进行正式访问。访问期间，双方共同发表《中华人民共和国和柬埔寨王国关于构建新时代中柬命运共同体的联合声明》，同意从政治、产能、农业、能源、安全和人文六大领域入手，打造中柬“钻石六边”合作架构。

2023年2月，中国与柬埔寨宣布启动“中柬友好年”活动，庆祝建交65周年暨友好年，携手构建高质量、高水平、高标准的新时代中柬命运共同体。

二、双方经贸合作持续增长

在过去的26年里，柬埔寨对中国的出口以25.4%的年化率增长，从1995年的534万美元增长到2021年的19.4亿美元；中国对柬埔寨的出口以23.2%的年化率增长，从1995年的5040万美元增长到2021年的113亿美元。双方的贸易主要以商品贸易为主，服务贸易比较少见。2021年，柬埔寨对中国的出口额为19.4亿美元，出口到中国的主要产品是鞣制毛皮（4.03亿美元）、香蕉（1.98亿美元）和大米（1.91亿美元）；中国对柬埔寨的出口额为113亿美元，出口到柬埔寨的主要产品是轻型橡胶针织品（15.2亿美元），疫苗、血液、抗血清、毒素和培养物（3亿美元），以及塑料涂层纺织布（2.78亿美元）[①]。

2022年1月，中柬自贸协定和RCEP生效实施，政策红利逐步释放，两国贸易投资自由化便利化水平进一步提升。中国是柬埔寨大米、香蕉最大出口目的国，柬埔寨芒果、龙眼等优质农产品也已实现对中国出口。中柬务实合作稳步推进，涉及基础设施、纺织服装、加工制造、农业等广泛领域。据中国海关总署统计，2022年中柬双边贸易额160.2亿美元，同比增长17.5%，其中中国对柬埔寨出口141.8亿美元，自柬埔寨进口18.4亿美元[②]。

据柬埔寨国家银行（NBC）统计，截至2021年，柬埔寨累计吸引的外

---

① 根据经济复杂性观测站官方网站统计对比得出相关数据。

② 《中国同柬埔寨的关系》，https://www.mfa.gov.cn/web/gjhdq_676201/gj_676203/yz_676205/1206_676572/sbgx_676576/。

来直接投资达410亿美元，与2020年相比，增加了11.2%，其中中国是最大的投资者，累计投资达180亿美元，占总外资的43.9%。柬埔寨发展理事会指出，截至2022年该理事会批准186个新投资项目，协议投资额40.32亿美元，其中中国的投资额达16.94亿美元，占总投资额的42%，是柬埔寨最大的投资来源国①。

据数据分析，中国在柬埔寨投资项目以制造业为主，占比达30.7%，其次为能源（13%）、金融（10.9%）、房地产（10.7%）、酒店和餐饮（9.6%）、农业（6.4%）、建筑（5.2%）和其他（13.3%）②。

根据柬埔寨海关总署的报告，2023年1—2月，柬埔寨和中国之间的贸易额达到17亿美元，约占柬埔寨68亿美元贸易总额的25%③。中国仍然是柬埔寨最大的贸易伙伴，其次是美国、越南和泰国。根据柬埔寨稻米联合会统计，2023年1—5月，柬埔寨向中国出口了118041吨精米，收入为7740万美元④。在农业合作领域，柬埔寨计划与中国合作，在柬埔寨西北部，特别是洞里萨湖地区建立“鱼米走廊”，以便在东南亚面积最大的淡水湖附近发展现代生态农业，以此加速现代农业的发展计划，寻求数字农业合作，支持水产养殖、热带种植园和其他有潜力的产业的现代化，加快鱼和碾米的进出口⑤。

为了更好地推介本国潜力产品、吸引中国对柬埔寨投资，柬埔寨计划

---

① 《总投资近17亿美元！2022年中国仍是柬埔寨最大外资来源国》，https://www.investgo.cn/article/yw/tzyj/202301/649440.html。

② 《总投资近17亿美元！2022年中国仍是柬埔寨最大外资来源国》，https://www.investgo.cn/article/yw/tzyj/202301/649440.html。

③ Cambodia-China trade at $1.7B in first two months，https: //www.khmertimeskh.com/501255082/cambodia-china-trade-at-1-7b-in-first-two-months/.

④ Cambodia earns $77.4 mln from milled rice export to China in first 5 months，https://www. khmertimeskh. com/501305365/cambodia-earns-77-4-mln-from-milled-rice-export-to-china-in-first-5-months/.

⑤ Cambodia-China action plan expected to boost FTA benefits，https://www.phnompenhpost.com/business/cambodia-china-action-plan-expected-boost-fta-benefits.

于2023年在中国五地设立私营商业中心，以此推动双方在贸易与投资领域的合作，为中国企业投资柬埔寨提供更多的服务。

在2023年柬埔寨首相受邀访华期间，双方共同举办中柬经贸投资旅游论坛，签署多份合作文件，涵盖外交、经贸、发展合作、农产品输华、基础设施、媒体、文化遗产保护等领域。其间，双方还共同签署了《2023—2024年贸易和经济合作行动计划》。该计划将以《中柬自由贸易协议》、《中国—东盟自由贸易协定》和RCEP为重点实施，利用这些条约给予的优惠安排，根据柬埔寨产品在中国市场的受欢迎程度来确定出口产品，以此增加柬埔寨农产品的出口。同时，为中国和柬埔寨的投资者提供保护，推动两国间的贸易和投资。

第三节 RCEP为柬埔寨带来更多发展机遇

作为世界上最大的自由贸易协定，RCEP是一个现代、全面、高质量、互利共赢的经济伙伴关系框架，在各国社会经济迫切需要加快复苏的当下，RCEP有利于扩大区域贸易和投资，对全球经济增长和发展作出重大贡献。

根据东盟和东亚经济研究所2022年10月的一项研究，RCEP将会为柬埔寨带来巨大的出口潜力及发展机遇。同时，RCEP还为各方开展经济合作提供了一个平台，使其能够从融入区域和全球供应链所带来的机遇中获益。

一、推动柬埔寨产业结构转型和出口多样化

RCEP有助于柬埔寨经济结构转型。如，在纺织品和服装产品领域，柬埔寨有着劳动力成本较低的比较优势。因此，随着全球供应链紧张，原材料及劳动力成本不断上升，许多服装公司正在利用RCEP的优惠条件，或将生产基地转移到柬埔寨等东南亚的RCEP成员国，或在柬埔寨等东南亚的RCEP成员国加大原有产品的产量，以享受减免纺织品进口关税的优惠。在产量逐渐增大的趋势下，柬埔寨将获得更多机会，在服装生产及出

口领域发展更多的功能性服务活动，例如品牌、营销和采购，从而推动柬埔寨的纺织和服装业向价值链上游移动。

二、贸易便利化措施具备优势

过去20年来，通过降低关税实现贸易自由化一直是亚太区域增加贸易和投资的关键因素。但是，近年来各国不断增加的非关税壁垒管制措施，常常以安全和健康、公共物品和保护人类、动物和环境福利为主要目标，往往更加复杂和难以管理，成为亚太地区贸易和投资的障碍。因此，RCEP在非关税措施方面建议更加透明的海关规则和程序，以便为RCEP成员国提供更大的贸易便利。在技术性贸易壁垒、卫生和植物检疫以及出口措施方面，某些RCEP成员国都存在着较多的非关税壁垒。相比较下，柬埔寨在贸易便利化领域存在两方面优势：一方面，柬埔寨非关税壁垒是RCEP成员国中最低的，主要集中在技术贸易壁垒、出口管控措施、质量管制措施等方面；另一方面，RCEP还允许对各成员国在贸易便利化措施实施进程实行差别待遇，允许柬埔寨延期5年履行贸易便利化措施承诺，这将有助于柬埔寨获得缓冲期，更好地在其海关控制和管理系统中完善数字技术等便利化措施。

三、推动柬埔寨第三产业的发展

根据世界银行数据显示，2021年柬埔寨三大产业占GDP的比重分别为：农业占24.4%，工业占34.7%，服务业占36.2%[①]。随着经济复苏的速度加快，世界银行预计柬埔寨服务业在2023年将实现9.2%的增长，在2024年则达到9.5%的增长[②]。

---

① 《对外投资合作国别（地区）指南·柬埔寨（2022年版）》，http：//www.mofcom.gov.cn/dl/gbdqzn/upload/jianpuzhai.pdf。

② World Bank. Cambodia MPO ［D］ 2022，https：//thedocs. worldbank. org/en/doc/c6aceb75bed03729ef4ff9404dd7f125-0500012021/related/mpo-khm.pdf

在RCEP层面，至少65%的服务行业将向投资者全面开放，并承诺提高专业服务、电信、金融服务、分销和物流服务等各行业的外资股比上限。与加入世界贸易组织期间所做的谈判类似，柬埔寨的承诺是由其更新的发展政策推动的。柬埔寨以正面清单的形式作出了100多个部门和子部门的承诺，远高于加入世界贸易组织时的承诺。

针对具体领域，柬埔寨作出了不同的承诺。在跨境供应领域，柬埔寨采取了一定的限制，以此促进国内投资，创造国内就业机会和加快技术转让；在境外消费领域，柬埔寨并未采取限制；在商业存在领域，柬埔寨所采取的限制措施符合《服务贸易总协定》相关规定，从而能够较好地保证知识和技术转让，提高柬埔寨专业人员能力。

可以说，柬埔寨针对本国国情及行业利益对服务贸易作出了承诺。

首先，对于长期向外国投资者开放，并已经获得较好效果的行业，如银行和旅游服务，柬埔寨对外资准入的限制措施较少。

其次，出于鼓励及保护中小企业，柬埔寨对相关领域的外资准入作了不同的限制。柬埔寨既乐于开放其公民可以与外国人竞争或合作的部门，例如导游服务；又为其中小企业保留部分市场优势，作出类似于其在世界贸易组织下的承诺，如它承诺仅向三星级或三星级以上的酒店开放其酒店市场。

再次，柬埔寨将谈判集中在最有助于改善企业所需服务的领域，从而改善整体投资环境。例如，柬埔寨承诺允许外国公司在法律服务（部分例外）、会计、审计、管理咨询和运输领域开展业务。又如，为了不断增长的外籍人士社区提供便利服务，允许外国为超市提供零售服务。

最后，为了让柬埔寨国民有更专业的技能、更强的竞争力，柬埔寨在一些领域作出了外资准入的承诺。比如，允许外国公司提供高等教育服务；在医疗保健和环境服务领域作出承诺，以提升国民在该领域的职业技能，完善该国公共卫生系统建设。而且，柬埔寨为放开各种服务部门所做的监管承诺，将鼓励发达经济体中更多的服务供应商进军柬埔寨。这将为柬埔寨服务供应商提供更多合资企业或商业合作的机会，进而帮助这些企业打造制造业生态系统、构建成熟的供应链、加速数字化转型，并利用RCEP参与区域供应链。

四、增进柬埔寨招商引资

由于RCEP成员国既包括了发达国家、发展中国家和最不发达国家，又包括了资本输出国与资本输入国，因此RCEP的投资章节试图在不同国家利益及发展需求之间寻找一种良好的平衡。此外，RCEP在规则上对鼓励投资进行灵活处理的同时，又尽量不损害东道国对社会公共利益的合法规制权。

RCEP为来自所有成员国（15个）的投资者提供市场准入和保护，首次涵盖投资的自由化、保护、促进和便利化四大支柱。在绩效要求方面，它禁止缔约方对投资者施加超出WTO贸易相关投资措施协议的某些类型的绩效要求。它提供了改进的投资便利化条款，以解决投资者退出问题，例如简化投资申请和批准程序、协助解决可能出现的投诉和申诉、促进投资信息传播以及建立和维护联络点等承诺。

可以说，RCEP的投资章节超越了中国—东盟自由贸易区的投资框架。RCEP所强调的核心内容，如保护外国投资、投资自由化、投资促进和投资便利等，都为外国投资者进入柬埔寨提供了基础保障。而RCEP规定投资自由化采用的负面清单模式，并设有棘轮机制框架，这些将为柬埔寨经济中的关键行业和全球价值链活动提供更多的投资。这对柬埔寨尤为重要，这样外国投资者就会有更大的意愿和信心进入柬埔寨等较小的市场，在获得低成本运营环境的同时又不用太担忧因东道国监管不确定性产生的风险。

而柬埔寨通过的新版《柬埔寨王国投资法》（以下简称新《投资法》），也是对RCEP投资章节的回应。2021年10月15日，柬埔寨政府废止了1993年投资法（2003年修订），通过了新《投资法》。新《投资法》的主要条款包括：

第一，投资激励：建立透明、可预测、非歧视、有竞争力和支持社会经济政策的投资激励机制。对涉及创新研发的高新技术产业等19个行业提供激励，主要通过涉税基本激励、附加激励和专项激励机制。

第二，投资者保障：法律赋予投资者及其资产一系列保护措施，包括非歧视、防止国有化和任意征用、资金自由转移、知识产权保护等。

第三，投资程序：新法律修订和完善了申请合格投资项目注册的行政程序基本介绍了该法涉及的一些技术，例如投资项目的注册和转让。

新《投资法》的目的是建立一个公开、透明、可预测和有利的法律框架，以吸引更多的投资者并提高该国投资的质量和效率。它旨在通过RCEP为国内外投资者提供更广泛的激励、保证和保护，让柬埔寨成为更具吸引力的投资目的地。

五、帮助柬埔寨中小企业更好成长

在全球价值链中，中小企业在创造就业机会以及与制造业活动的服务联系方面发挥着重要作用。RCEP的中小企业章节对东盟最不发达国家尤其是东盟中小企业的发展至关重要。

RCEP的中小企业章节将提供发展当地企业参与区域全球价值链活动的潜力，可在普惠金融、市场准入、发展区内中小企业国际化的关键技能和培训等方面提供必要的政策发展。

根据RCEP规则，成员国之间都将采取单一关税报价，意味着柬埔寨将与泰国、马来西亚等其他成员国获得相同的市场准入待遇。因此，柬埔寨的中小企业将迎来很大的发展机遇。

同时，面对第四次工业革命所带来的诸如人工智能、机器人、物联网等创新和技术，柬埔寨与其他东盟成员国一样，有针对性地提出了工业4.0的发展规划，充分释放数字支付和电子商务发展的潜力，将有助于改造柬埔寨传统制造企业，并将它们与全球价值链更好地连接起来。

而且，RCEP首次在亚太区域内达成“范围全面、水平较高的诸边电子商务规则成果”，专章规定促进缔约方电子商务发展的具体措施，以“原则和目标”为开篇，明确提出“促进电子商务”“为电子商务的使用创造信任环境”“加强电子商务发展方面的合作”三项目标，以“应当鼓励……”等非强制性用词为主，鼓励各缔约方避免对电子交易施加不必要的监管负担，同时努力就促进与监管电子商务开展合作，包括推动无纸化贸易，鼓励使用可交互操作的电子认证，增强电子商务消费者保护、线上个人信息保护以及针对非应邀商业电子信息的监管合作等内容。这也将会推动柬埔寨中小企业借助社交媒体等现代通信方式，将柬埔寨中小企业与国外的潜在买家和商业伙伴联系起来，开展电子商务等活动。

第一章
外商投资的法律体系

怎样到RCEP成员国投资
柬埔寨篇

柬埔寨中央和地方政府对于外商投资予以高度重视，将外商投资视为推动国家经济发展的主要动力。柬埔寨对于外商投资持开放和鼓励态度，宽松的外商投资环境有利于企业到柬埔寨进行项目投资和设立企业。企业开展投资活动，做到知法、依法的前提是全面掌握柬埔寨投资相关的法律法规，准确把握柬埔寨政府在投资保障、投资优惠和限制、外汇、土地使用、商业组织形式等方面的政策。了解柬埔寨的外商投资法律制度，是中国企业完成到柬埔寨投资计划的第一步。

第一节　柬埔寨的外商投资法律制度概述

柬埔寨的外商投资法律制度经历起步、探索及完善阶段。随着外资加速流入柬埔寨境内，柬埔寨的外商投资法律制度逐渐完善。柬埔寨现有的外商投资环境较为宽松，法律保障逐渐强化。

一、柬埔寨的外商投资法律制度及政策发展过程

（一）起步阶段

柬埔寨于1953年宣布独立，于1975年成立民主柬埔寨政府并实现全国解放。在实现全国解放之前，柬埔寨历经内忧外患、战争损耗、政局不稳、经济停滞，外商投资几乎没有在本国开展。而全国解放之后，柬埔寨实施闭关锁国政策，禁止一切外资流入本国境内。直到1979年，柬埔寨人民共和国成立，经济发展成为首要任务，柬埔寨才开始制定外商投资的国内法律，终于在1989年出台《外国在柬埔寨投资法》。这部法律对于政局动荡的柬埔寨来说意义重大，它不仅是柬埔寨外商投资法律制度的起点，更是柬埔寨打开国门引进外资的关键举措。

这个时期，柬埔寨对于外商投资的政策已经较为宽松，除了涉及国安的军工领域、高危医疗领域、放射性原料运输等及其他在《外国在柬埔寨

投资法》中不允许的领域外，对外资和内资持一视同仁的态度。

（二）探索阶段

1993年，柬埔寨成立了柬埔寨王国政府，国家权力部分正式成立，国内各民族对于政治达成一致，实现国内和平发展，摒弃闭关锁国政策并推出市场经济体制。这个时期，柬埔寨重视市场经济自由发展，大力推动“走出去”的经济发展政策，是外资进入柬埔寨的良好契机。1994年，柬埔寨出台《柬埔寨王国投资法》，正式确立鼓励境外投资者进入柬埔寨投资的政策，为外商投资提供法律保障。从此之后，其他东南亚国家及欧洲国家接踵而至，为柬埔寨经济发展注入新血液。

（三）完善阶段

为了吸引境外投资者进入柬埔寨，柬埔寨政府不断完善投资法，改善外商投资环境，积极为外商提供法律保障和政策支持。20世纪末至21世纪初，柬埔寨三次修订投资法，并于2005年出台《柬埔寨王国投资法修正法实施细则》。几次修订投资法，不断完善实施细则，反映了柬埔寨在这个时期加大引进外资力度，对于外资的重视程度越来越高。随着法律的不断完善，进入柬埔寨的外资也呈现全面开花的发展格局。2021年10月15日，柬埔寨通过新《投资法》，旨在加大优质外资吸引力度，提升柬埔寨竞争力，促进经济结构多元化发展，保障柬埔寨外商投资者的合法权益。现阶段，柬埔寨愈发重视外资，外商投资准入环境宽松，外商投资保障也逐渐完善。

二、柬埔寨外商投资法律制度的构成

柬埔寨外商投资法律制度主要包括柬埔寨外商投资促进法律制度、柬埔寨外商投资管理法律制度。

柬埔寨没有专门的外商投资法，适用于外商在柬埔寨投资的主要法律和条例如下：

1.《柬埔寨王国商业法规和商业注册法》（1999年11月18日）（Law on Commercial Rules and Register，简称LCR），根据《柬埔寨王国商业法规

和商业注册法修正案》(1995年6月26日)修订;

2.《柬埔寨王国商业企业法》(2005年6月19日)(Law on Commercial Enterprise，简称LCE);

3.《柬埔寨王国投资法》(2021年10月15日)(Law on Investment，简称LOI)。

柬埔寨重视并欢迎外商直接投资，对外商投资持开放和自由政策。除了禁止外国人在柬埔寨持有土地所有权外，在柬埔寨投资的外国投资者和国内投资者待遇几乎一样，没有完全限制的领域，也不订立专门管理外国投资者的单独法律或特别规则。总而言之，任何投资柬埔寨的外国投资者，包括外国国有企业，都要遵守柬埔寨的法律，与适用于当地投资者的法律一致。

三、柬埔寨外商投资行为的界定

(一)概念

根据2021年柬埔寨颁布的新《投资法》规定，投资者是指对已在柬埔寨发展理事会或省市投资委员会(PMIS)注册的投资项目实施投资的法人或自然人；投资活动是指在柬埔寨王国根据现行法律法规创建，或已收购，或已出售(已转让)，或已扩展，或合并，并由相关责权机关依现行法律与司法规范文件书面批准的商务活动。外国投资者到柬埔寨境内投资，须在柬埔寨注册投资项目，才可以实施投资行为。

(二)外商投资方式

柬埔寨对外商投资持鼓励态度，对于投资方式的规定限制较少。外国投资者可在柬埔寨选择外国直接投资、合资企业、合格投资项目合并、收购合格投资项目等方式进行投资。根据柬埔寨新《投资法》第29条规定，合格投资项目获得的权利、特权或其他权利不得转让给任何第三方，除非通过投资项目的收购、出售与合并的转让。因此，外国投资者若转让合格投资项目权益，须通过收购、出售与合并投资项目的方式才可以实现。

1. 外国直接投资。

除禁止或限制外国投资者介入的领域外，外国投资者可以个人、合伙、公司等商业组织形式在柬埔寨商务部注册并取得相关营业许可，取得营业许可后方可自由实施投资项目。但拟享受投资优惠的项目，须向柬埔寨发展理事会申请投资注册并获得最终注册证书后方可实施，这些需要获投资许可的投资项目称为“合格投资项目”。除了“合格投资项目”和禁止外国投资者介入的领域外，外国投资者可在取得营业许可后直接实施投资行为。

2. 合资企业。

外国投资者可通过合资企业的形式参与投资，合格投资项目可以合资企业形式设立。合资企业可由柬埔寨实体、柬埔寨及外籍实体或外籍实体组成，不仅如此，柬埔寨政府机构亦可作为合资方。在合资企业中，股东国籍或持股比例不受限制，但合资企业拥有或拟拥有柬埔寨王国土地或土地权益的则需要受到限制。在合资企业拥有或拟拥有柬埔寨王国土地或土地权益的情形下，非柬埔寨籍实体的自然人或法人合计最高持股比例不得超过49%。

3. 合格投资项目合并。

外国投资者可通过合格投资项目合并达到投资目的，两个或两个以上投资人，或投资人与其他自然人或法人约定合并组成新实体，且新实体拟实施投资人合格投资项目，并享受合格投资项目最终注册证书规定投资优惠及投资保障的，新实体须向投资委员会书面申请注册为投资人，并申请将合格投资项目最终注册证书转让新实体。

4. 收购合格投资项目。

外国投资者可通过收购合格投资项目实现投资目的。在柬埔寨，投资人或其他自然人或法人收购合格投资项目所有权，且拟享受合格投资项目最终注册证书规定投资优惠及投资保障的，应向柬埔寨投资委员会提出收购申请，将合格投资项目最终注册证书转让新实体。收购人为未注册自然人或法人的，须先申请注册为投资人。

第二节　对外商投资的鼓励制度

为了促进外资流入柬埔寨，柬埔寨制定了一系列外商投资的鼓励制度。为了促进中国与柬埔寨外贸合作，吸引中资企业入驻柬埔寨，在中国与东盟的经贸协定的基础上，柬埔寨与中方达成系列贸易合作协议，为中国企业到柬埔寨投资提供更便利、更开放的条件。

一、中柬投资合作协定介绍

（一）中国与东盟陆续签署经贸协定推进中柬贸易合作

2002年11月，中国和东盟领导人批准《中国—东盟全面经济合作框架协议》，开启了中国—东盟自由贸易区建设，并于2010年1月1日全面建成自贸区，这是东盟首次整体对外商谈和建立自贸区，开创了自贸区建设的先河。《中国—东盟全面经济合作框架协议》生效后，中国与东盟陆续签署系列经贸协议：2004年11月签署《中国—东盟货物贸易协议》和《中国—东盟争端解决机制协议》，2007年1月签署《中国—东盟服务贸易协议》，2009年8月签署《中国—东盟自贸区投资协议》，2015年11月签署升级的《中华人民共和国与东南亚国家联盟关于修订〈中国—东盟全面经济合作框架协议〉及项下部分协议的议定书》

于2019年10月对中国和东盟十国全面生效。截至2021年，通过以上协定生效实施，中国与东盟双方91.9%的商品已实现零关税。其中，中国对东盟94.6%的货物实行零关税①。中国与柬埔寨在中国与东盟合作的框架下，合作不断紧密。

（二）RCEP生效发挥促进作用

2022年1月1日，RCEP正式生效，生效范围涵盖文莱、柬埔寨、老挝、新加坡、泰国、越南等6个东盟成员国和中国、日本、新西兰、澳大利亚等4个非东盟成员国。

RCEP是全球规模最大的自由贸易协定，涵盖序言、20个章节及4个市场准入承诺表附件，在货物贸易、服务贸易、投资等领域作出优惠政策约定，其关税减让承诺、原产地累积规则及其他高标准规则一旦统一落地将逐步释放出规模巨大的贸易创造效应和关税红利。RCEP规则内容广、数量多、标准高，针对不同区域、阶段、议题采取“渐进主义”兼顾各成员国的不同诉求，设计过渡期和无过渡期、差别待遇和无差别待遇、正面清单和负面清单并行的规则以实现更加自由化和灵活化的区域经贸合作。柬埔寨作为东盟国家中发展较为薄弱的国家，在RCEP的合作框架中可以享受到更自由化、更有保障的待遇。

RCEP协定整合“10+5”成员国范围内的经贸规则，达成关税减让承诺、开放市场准入、消除贸易壁垒、简化海关通关程序等约定，进一步降低“10+5”范围内贸易成本和提升区域内贸易自由化程度。在货物贸易方面，在RCEP生效区域内90%以上的货物贸易将最终实现零关税，中国与东盟、澳大利亚、新西兰相互开放水平90%以上，与日本、韩国相互开放水平分别达到88%和86%；在服务贸易与投资方面，对于建筑、医疗、房地产、金融、运输等服务部门作出高水平开放承诺，对于制造业、农业、

---

① 《对外投资合作国别（地区）指南东盟（2021年版）》，https://www.investgo.cn/upfiles/swbgbzn/2021/dongmeng.pdf。

林业、渔业、采矿业首次以负面清单形式进行开发承诺。

RCEP更加突出规则创新的核心要素，通过突破和创新规则实现区域内更高水平的开放合作。总体而言，RCEP是“10+5”区域内经贸规则的“整合器”，以区域累积的原产地规则和负面清单规则两大创新规则，兼顾各成员的不同诉求，促进区域内经贸规则优化整合，助推各成员区域内共享规则成果。在范围上，RCEP拓展了原有的“10+1”自贸协定的规则涵盖领域，新纳入知识产权、电子商务、竞争方面的规则，又在中小企业、经济技术合作等领域规则作出加强合作等新调整。在市场规则方面，RCEP创新市场开放规则，提高各成员开放承诺水平，在货物贸易、服务贸易、投资和自然人移动方面实现规则上的重大进步，推动中国在RCEP中的开放承诺达到了过去自贸协定的最高水平。在贸易便利化自由化方面，简化海关通关手续，创新卫生和植物卫生领域的风险分析、审核、认证、进口检查以及紧急措施等规则，减少标准、技术法规和合格评定程序的技术贸易壁垒。此外，对知识产权的保护和规则提出更高的标准要求，首次在亚太区域内达成范围全面和水平较高的诸边电子商务规则，中国首次在诸边协定中纳入政府采购相关规则，均是RCEP在规则上取得重大突破和创新的体现。RCEP生效释放红利，将进一步推动中国和柬埔寨的经贸合作。

RCEP成员国是亚太经济区域的主要国家，在RCEP框架下亚太经济区产业合作将日益密切。加之RCEP采用区域原产地累积规则，突破传统原产资格认定的局限，使来自任一成员国的价值成分都可能被认定为原产，将造就产业链供应链调整程度高、布局灵活多样的发展趋势。RCEP各成员国可通过在亚太经济区域合理布局产业链供应链，提高出口产品的价值成分认定为原产的可能性，在亚太经济区跨境产业链供应链重构升级中享受关税优惠。在亚太经济区域一体化的形势下，产业链供应链枢纽位置愈发重要，打造RCEP区域产业链供应链新节点竞争加剧。在RCEP加速区域内产业链供应链重构的格局下，中国企业到柬埔寨投资的环境机遇更大，同时挑战也更大。

（三）对中国企业投资合作的保护政策协定逐步落地

1996年7月，中国与柬埔寨签署《中华人民共和国政府和柬埔寨王国政府关于促进和保护投资协定》。2010年1月1日，中国—东盟自由贸易区的全面建成，进一步为中柬经贸合作开辟更加宽广和畅通的渠道，提供更多的机会。另外，中国已于2016年与柬埔寨签署避免双重征税协定。双边签署的其他协定包括：《中华人民共和国政府和柬埔寨王国政府贸易协定》（1996年7月）、《中华人民共和国政府和柬埔寨王国政府文化合作协定》（1999年2月）、《中华人民共和国政府和柬埔寨王国政府关于旅游合作的协定》（1999年2月）、《中华人民共和国政府和柬埔寨王国政府关于成立经济贸易合作委员会的协定》（2000年11月）、《中华人民共和国政府和柬埔寨王国政府农业合作谅解备忘录》（2000年11月）、《中华人民共和国政府和柬埔寨王国政府关于旅游规划合作的谅解备忘录》（2004年4月）、《中华人民共和国和柬埔寨王国领事条约》（2010年2月）、《中华人民共和国国家质量监督检验检疫总局和柬埔寨王国农林渔业部关于柬埔寨精米输华的植物卫生要求议定书》（2010年10月）、《中华人民共和国政府和柬埔寨王国政府航空运输协定》（2014年1月）、《中华人民共和国国家知识产权局与柬埔寨王国工业及手工业部关于知识产权合作的谅解备忘录》（2017年9月）、《中华人民共和国政府和柬埔寨王国政府经济技术合作协定》（2018年1月）、《中华人民共和国政府和柬埔寨王国政府自由贸易协定》（2020年10月）等。

二、外商投资的市场准入

除了土地所有权的限制之外，柬埔寨对于外资与内资给予同等待遇，在柬埔寨开展投资活动政策环境宽松，不受国籍限制，其政策主要体现在2021年10月15日通过的新《投资法》。为吸引外商投资并提升柬埔寨投资营商环境，新《投资法》对柬埔寨各产业进行重新分类，符合国家发展需求目标的产业及政府未来5到10年重点吸引的产业，被归入特殊类别，享有更多投资优惠。

（一）鼓励外商投资的行业

新《投资法》第24条规定，柬埔寨政府鼓励投资的重点领域及活动包括：（1）具创新及研究发展的高科技产业；（2）提供具附加值、创新和高竞争力的新兴产业或制造业；（3）服务于区域和全球生产链的产业；（4）农业、旅游、制造相关的支持性产业以及与连接供应网的产业；（5）电气和电子产业；（6）备件装配及安装产业；（7）机械与机器产业；（8）服务于国内市场或出口的农业、农工业、农产品加工业和食品加工业；（9）优先领域中的中小企业、中小企业集群发展、工业园、科技和创新园区；（10）旅游业及与旅游相关的活动；（11）经济特区的发展；（12）数字产业；（13）教育、职业培训和提高生产力领域的投资；（14）卫生领域的投资；（15）发展实体基础设施；（16）对物流领域的投资；（17）对环境、生物多样性管理保护以及循环性经济的投资；（18）对绿色能源及有助于适应和减缓气候变化的科技领域的投资；（19）在柬埔寨王国政府认为具有社会经济发展潜力的，而本法未列出的其他领域投资活动。柬埔寨鼓励外商投资的具体领域达18个，反映出柬埔寨对于外资进入本国发展重要领域的开放程度较高。

（二）外商限制投资的行业

完全禁止投资的领域。2005年9月27日颁布的《柬埔寨王国投资法修正法实施细则》规定禁止柬埔寨和外籍实体从事的投资活动，包括：（1）神经及麻醉物质生产及加工；（2）使用国际规则或世界卫生组织禁止使用、影响公众健康及环境的化学物质生产有毒化学品、农药、杀虫剂及其他产品；（3）使用外国进口废料加工发电；（4）森林法禁止的森林开发业务；（5）法律禁止的其他投资活动。

部分权益受限的领域。在不动产领域，外资的部分权益受到限制，例如根据新《投资法》第21条规定，土地所有权仅能由柬埔寨国籍的自然人或法人（柬埔寨公民或公司持有51%或51%以上股份的公司）拥有。外国投资者不能直接享有土地所有权，只能通过特许、租赁等方式使用土地。在商业和金融服务业，所有企业都必须在柬埔寨商务部和税务总局（General Department of Taxation，简称GDT）注册。银行业相关的项目由柬埔寨国家银行根据不同的立法进行监督和管理，具体取决于项目情况。在其他行业，外商投资者可能被要求取得其他相关部门的许可证，例如“工业、科学、技术和创新部”颁发的工厂许可证；矿产能源部颁发的采矿许可证；“农业、林业和渔业部”颁发的农业许可证和特许权；获得环境部的环保许可；旅游部颁发的施工许可证；经济和财政部颁发的房地产开发商许可证。

（三）重点投资领域：矿产投资

柬埔寨允许外商投资进入矿产投资领域，2016年6月出台的柬埔寨《矿产勘探和工业开采执照管理条例》规定，面积小于200平方公里的矿产勘探与开采执照，由矿产能源部批准；大于200平方公里的矿区勘探开采执照，由王国政府批准。任何自然人和法人都有权在规定的条件内提出超过一个矿区的勘探申请。执照有效期为3年，到期之后可申请延期两次，每次为期两年。已获政府授予矿产勘探和开采权的企业须在180天内提出新的勘探和开采申请，否则其执照将被没收。据矿产能源部统计，截至2016年5月，在柬埔寨有70余家公司从事矿业，包括中国、澳大利亚、美国、法国、马来西亚、越南等国家。

三、外商投资的激励措施

（一）审批手续优化

新《投资法》规定，外商可以通过单一窗口机制提交投资项目注册申请，批准机构在不超过20个工作日内向申请人出具注册证书，注册证书必须附有注册投资相关的基本资料之识别条码、二维码或其他技术系统，以利于相关注册和投资项目的实施。负责投资项目实施的注册和审查之相关部门与机构不应要求申请人或投资项目实施者提供在柬埔寨发展理事会所核发证书之识别条码、二维码或其他技术系统中已涵盖的相关资讯。总之，外商进入柬埔寨投资申请通道逐渐便利化，效率逐渐提高。

（二）税收优惠

新《投资法》第六章专门规定了投资鼓励措施，其中第26条规定：

“注册为合格投资项目的投资活动有权在以下两种基本鼓励选项中作选择：

“选项一

“根据投资领域与活动，豁免三年至九年的所得税，免税期将在取得首次收入始计。其投资领域和活动，以及所得税免税期，将由财政管理法和法令规定。所得税免税期结束后，合格投资项目有权享有以下按相比于应缴税款的累进税率纳税：前两年为25%，接下来两年为50%及最后两年为75%。

“在所得税豁免期间，豁免所得税预缴税款。

“通过应有的独立审计报告，获得豁免最低税额。

“获得免税出口，除非其他法律及司法规范文件中另有规定，或

“选项二

“有权通过现行税收规定中规定的特殊折旧扣除资本支出。

“可享有高达200%，长达九年的其他具体开支抵扣。有关投资行业和活动与具体支出以及抵扣期限，应在财政管理法或法令中规定。

“根据财政法和令中规定的行业和投资活动，在某一个具体时间内获得所得税预缴的豁免。

“必须有独立审计报告，以获得豁免最低税额。

“获得免税出口，除非其他现行法律与司法规范文件中另有规定。除了本条款第一段落的鼓励措施外：

“服务于出口的合格投资项目，和属于服务于合格投资项目的支持产业，有权进口关税、特别税及增值税属国家负责的建筑材料、建筑设备、

生产与生产投入的设备材料

“服务于国内市场的合格投资项目，有权进口关税、特别税及增值税属国家负责的建筑材料、建筑设备和生产设备材料。对于生产投入的鼓励措施，应在财政管理法或法令中规定。

“位于经济特区的合资投资项目，同样有权享有与本法所述的其他合资投资项目同样的鼓励和保护。”

由此可见，柬埔寨吸引外资的税收优惠力度大，有利于企业到柬埔寨开展投资活动。

（三）鼓励措施

新《投资法》第六章专门规定了奖励措施，其中第27条规定：

“除本法第26条所述的基本鼓励措施之外，对登记为合格投资项目的投资活动还获得如下的鼓励：

“1.合格投资项目的实施所购买的在当地生产的生产投入，获得免增值税的鼓励。

“2.对以下任何活动，可获得在计务基础上的支出抵扣达150%：

“a.调研、开发与创新。

“b.通过向柬埔寨工人提供职业技能培训来发展人力资源。

“c.为工人/雇员建造他们负担得起费用的宿舍、食堂、托儿所和其他设施。

“d.提升机器现代化，以服务于生产线。

“e.为柬埔寨工人/雇员提升福利，如为工人/雇员从住所到工厂提供舒适的交通工具，工人/雇员负担得起的合理价格的宿舍、食堂、托儿所和其他设施等。

“3.对于符合法令规定的扩展合格投资项目，获得免所得税的鼓励。”

新《投资法》第28条规定：“除本法第26条和第27条规定的鼓励措施外，任何具有高潜力为国家经济发展做贡献的具体行业和投资活动可获得《财政管理法》中规定的其他特别优惠。”

由此，柬埔寨除了以税收优惠吸引外资，还增加了开发创新、基础设施、人力资源等合格投资项目及扩展合格投资项目的鼓励措施，以及对柬埔寨有贡献的投资可以获得其他特别优惠。税收优惠叠加鼓励措施，有利于企业提升在柬埔寨实施合格投资项目的收益，有利于刺激柬埔寨国内重要行业发展。

（四）其他激励措施

自然人或法人与投资人发生并购交易的，可根据采取的并购程序向柬埔寨发展理事会申请继承投资人合格投资项目全部或部分投资保障、权利、投资优惠及义务。

合格投资项目位于柬埔寨发展理事会优先发展目录内指定经济特区或出口加工区的，与其他合格投资项目同等享受《柬埔寨王国投资法修正法》规定的投资优惠。

经柬埔寨发展理事会批准，合格投资项目可依据《柬埔寨王国移民法》及《柬埔寨王国劳动法》规定，为其在柬埔寨王国境内雇佣的外籍经理、技师、技工办理签证及工作许可证，并为上述人员的配偶及家属办理居留签证。

第三节　对外商投资的保护制度

近年来，柬埔寨对于外资的保护力度逐渐加大，外资准入的审批程序也进入规范化开放化阶段。中资企业进入柬埔寨投资需要了解投资待遇和程序规范。

一、外资待遇

（一）最惠国待遇

柬埔寨以双边或多边投资协议作为依据，截至2023年给予20多个国家最惠国待遇，其中包括中国、韩国和东盟国家等。主要是参照第三国的标准，给予优于第三国投资优惠标准的待遇。

（二）国民待遇

尽管柬埔寨是发展中国家，但为了引入国际投资，加大柬埔寨的重建和发展力度，柬埔寨给予外国投资者国民待遇，即柬埔寨对国际国内投资者实行无差别对待，达到吸引外国投资者的目的。

（三）公平公正待遇

柬埔寨以独立的、未附条件的公平公正待遇对待国际投资（目前践行的国家有中国、英国等），即柬埔寨对待一些签署投资协议的国家在投资、国际纠纷等领域采取公平公正待遇。

在外资待遇方面，柬埔寨对外资与内资基本给予同等待遇，除了土地所有权，在其他领域均以平等原则，给予外资同等条件的保护。政府不实行损害投资者财产的国有化政策。已获批准的投资项目，政府不直接干涉商业货物或服务的价格。对于外资的支持力度较大，外资可开展的投资活动自由度较大。

二、投资审批程序

申请：有意向实施合格投资项目或合格投资项目扩展计划或仅获得投资担保的投资项目的法人或自然人，应向柬埔寨发展理事会或省市投资委员会提交书面注册申请，也可以在信息技术平台上申请。

审查和决定：在收到投资项目的注册申请后，柬埔寨发展理事会将通过单一窗口机制对该申请进行审查和决定。单一窗口机制是指由驻柬埔寨发展理事会的有关部门与机构领导及主管委派的代表，在柬埔寨发展理事会的协调下对投资项目注册申请进行审查和决定。

出具注册证书：如所申请的投资项目不在柬埔寨法律另外规定的负面清单上，柬埔寨发展理事会应在不超过20个工作日内向申请人出具注册证书。

自行实施：获得注册证书的投资项目即可开始自行实施。获得注册证书并非免除投资项目依法律及法规规定的其他批准书。所有投资项目应坚守通过由柬埔寨发展理事会协调的单一窗口机制进行监察和检查的宗旨，以确保符合获得注册证书的合法性及相关要件。投资商必须根据柬埔寨发展理事会规定的具体时间表提交关于投资项目实施情况报告。报告模板的格式与详细程序，应以柬埔寨发展理事会所发布的指示为主。若柬埔寨发展理事会认为有必要或有其他人声称受到投资项目实施的影响，则需提供投资项目实施情况报告，该报告不可作为免除现场稽核检查的豁免要件。

三、土地所有权及使用权问题

根据新《投资法》第21条规定，按照现行的法律及司法规范文件，投资者实施投资项目土地所有权，仅批准持有柬埔寨国籍的自然人或法人（柬埔寨公民或公司持有51%或51%以上股份的公司）拥有，即外国投资者不能在柬埔寨境内拥有土地所有权，拥有土地所有权的主体必须是柬埔寨国籍的自然人或法人。

投资者有权根据现行法律及司法规范文件，通过经济土地特许权或永久租赁权，以及规定期限租赁等方式使用土地。《柬埔寨王国土地法》（2001年）允许外国投资者通过特许权获得土地，或以永久租约（最短15年，最长50年，可续签50年）或有限的短期租约形式租赁土地。2005年，柬埔寨颁布了《柬埔寨王国经济土地特许权法令》，外资企业可通过申请经济特许地（经济特许地是柬埔寨政府为鼓励企业投资大型种植园和农场推出的一项土地优惠政策，企业可以较低的租金使用土地长达99年）这一途径获得柬埔寨的土地，整理土地并进行工业或农业开发。自2010年《柬埔寨王国关于共有建筑的外国所有权法》颁布以来，外国人可以在共有产权建筑的一楼以上拥有共管公寓或分层单元（最多占建筑面积的70%）。由此可见，外国投资者仅可通过特许、租赁等方式使用土地，禁止享有土地所有权。

四、并购、征收与补偿

（一）并购

适用于柬埔寨并购交易的主要法律法规包括：于2022年2月17日颁布的《柬埔寨王国关于柬埔寨竞争委员会的组织和运作》的第37号ANKR.BK子法令（Sub-Decree No. 37 ANKR. BK on the Organization and Functioning of the Cambodia Competition Committee，简称Sub-Decree No.37）；于2021年10月15日颁布实行的新《投资法》；于2021年10月5日颁布实行的《柬埔寨王国竞争法》（Law on Competition，简称LOC）；于

2018年1月10日颁布实行的《柬埔寨王国证券交易所证券市场操作规则》（Operating Rules of Securities Market of the Cambodia Securities Exchange，简称Operating Rules）；于2015年9月10日颁布实行的《柬埔寨王国关于公开发售股票证券的第005号通告》（Prakas No.005 on Public Offering of Equity Securities，简称Prakas No.005）；于2015年6月10日颁布实行的《柬埔寨王国证券交易所上市规则》（Listing Rules of the Cambodia Securities Exchange，简称Listing Rules）；于2011年5月3日颁布实行的《柬埔寨王国上市规则实施通告》（Prakas on Implementation of Listing Rules）；于2011年5月3日颁布实行的《柬埔寨王国关于执行证券市场操作规则的通告》（Prakas on Implementation of Operating Rules）；于2007年10月19日颁布实行的《柬埔寨王国非政府证券发行和交易法》（Law on Issuance and Trading of Non-Governmental Securities）；于2005年6月19日颁布实行的《柬埔寨王国商业企业法》；于1999年11月18日根据《柬埔寨王国商业法规和商业注册法修正案》修订的《柬埔寨王国商业法规和商业注册法》。

《柬埔寨王国商业企业法》主要规范公司并购的程序，包括董事会和股东的决议和批准程序，第241条允许两个或两个以上公司合并为一个公司，或合并成立一个新的公司。

企业合并，即合并或收购，在《柬埔寨王国竞争法》第3.3条中被定义为（i）通过一个实体从另一个实体购买股份或资产来获得控制权或投票权；（ii）两个或多个实体合并以获得现有法人实体的共同所有权或组建新的法人实体。LOC主要规范具明显阻止、限制或扭曲市场竞争的反竞争性并购。

上市公司的并购应遵守柬埔寨证券交易监管机构（Securities and Exchange Regulator of Cambodia，简称SERC）或柬埔寨证券交易所（Cambodia Securities Exchange，简称CSX）的法律法规，包括《柬埔寨王国非政府证券发行和交易法》及相关上市规则。

在并购活动中外商投资审查方面，根据新《投资法》规定，除了拥有土地和某些行业（如旅游业）的一些地方股权限制外，外国投资者通常与国内投资者享受同等待遇。除非双方希望进行尽职调查，外国投资者在并购交易中不需要经过任何具体的审查或监督程序。不同行业的企业并购可能需要相应政府机构的批准，但此类批准同等适用于国内和外国买家。应注意的是，如果合并或收购导致柬埔寨股东对实体的股权减少至低于51%，则该实体将不再被归类为柬埔寨法律实体，将失去在柬埔寨拥有土地（或高层建筑的一楼）的资格。

在并购活动中其他监管审批方面，特定受监管行业的并购必须得到相关政府机构的批准，但没有专门针对外国买方的情况。如电信行业公司的合并必须取得柬埔寨电信监管机构（Telecommunications Regulator of Cambodia，简称TRC）的批准，柬埔寨国家银行应根据B7-01-187号《柬埔寨王国银行股份转让条例》（2001年11月8日）处理银行业的任何合并或股份转让。保险业的合并受经济和财政部以及柬埔寨保险监管机构的监管。

（二）征收与补偿

2009年底，柬埔寨国民议会批准了《柬埔寨王国征收法》，该法对出于公共利益目的的土地征收程序制定了广泛的指导方针。《柬埔寨王国征收法》将公共利益活动定义为包括基础设施项目的建设、修复、保护或扩建，以及为国防和民事安全开发建筑物，包括建设边境口岸、研究和开发自然资源的设施以及石油管道和天然气网络。此外也可以因自然灾害和紧急情况而由政府作出征收决定。但是《柬埔寨王国征收法》并未就赔偿和上诉的法律程序作出规定。

根据新《投资法》第17条规定："国家不得通过征用或相似的相关措施，导致直接或间接影响已批准的投资项目，但如有公共利益的征用除外，须根据以下条件进行征用：1.不歧视；2.公平公正的补偿；3.根据现行的征用法律和程序。"即除了因公共利益征用外，不得征用已经批准的外商投资项目。

根据我国与柬埔寨签署的《中华人民共和国政府和柬埔寨王国政府关

于促进和保护投资协定》第4条规定，缔约任何一方不应对缔约另一方的投资者在其领土内的投资采取征收、国有化或其他类似措施（以下称“征收”），除非符合下列条件：（一）为了公共利益；（二）依照国内法律程序；（三）非歧视性；（四）给予补偿。因此，结合我国与柬埔寨缔结的双边协定，如果柬埔寨政府对我国投资者在柬埔寨的资产进行征收，柬埔寨政府有义务提供适当补偿。值得注意的是，适当补偿并非充分补偿。

五、投资退出机制

新《投资法》设置专章规定投资项目法定退出机制，第31条明确规定投资项目被取消的四种情形：“下列任一情况，投资项目可能被取消：1.无能力继续实施合格投资项目；2.实施合格投资项目的法人实体被解散；3.未履行现行法律及司法规范文件中规定的职责；4.根据政府部门及相关机构提出项目对环境或国家安全或公共利益或人民福利有严重影响。”

第32条规定了四种情形的取消程序：

“按本法第31条第1点所述的取消情况下，投资者必须直接或通过授权代表向柬埔寨发展理事会或省市投资委员会申请取消。以上申请书必须由投资者或授权代表签署，并说明无能力继续实施开发的原因并附上其他相关文件。

“按本法第31条第2点所述的解散而取消情况，若该解散因清算及公司自愿解散，投资者必须直接或通过授权代表向柬埔寨发展理事会或省市投资委员会提呈申请书。

“按本法第31条第2点所述的解散而取消情况，若该解散是法院判决书所定的，则投资者必须直接向柬埔寨发展理事会或省市投资委员会申请取消，并随函附上法院的最终判决书和有关实施合格投资项目的法人解散文件，以及被取消的合格投资项目相关联利益的声明。

“柬埔寨发展理事会或省市投资委员会可根据本法第31条第3点所列条件，酌情取消合格投资项目。

“本法第31条第1点至第4点关于申请取消及酌情取消之详细程序，由法令规定。”

若不满取消决定的，投资者可以提出投诉。第34条规定：“投资者可根据现行法律程序向柬埔寨发展理事会或省市投资委员会提交投诉书，对投资项目的撤销提出投诉。若有投诉，应由柬埔寨发展理事会或省市投资委员会对该投诉作出决定。若对投诉决定不满，投诉投资者可以向柬埔寨王国的职权法院提交投诉书。”

柬埔寨投资项目的法定退出机制较为完善，对于具体情形及对应程序均有详细规定，同时设置了救济制度。

第四节　对外商投资的管理制度

柬埔寨的外商投资由统一的机构批准和管理，中国企业到柬埔寨投资首先需要了解投资申请的机构和程序，才能正常开展投资活动。

一、外商投资管理

在柬埔寨设立公司应向柬埔寨商务部商业注册局或商务部指定的工商登记处进行注册。如果要获得投资优惠，应先向柬埔寨发展理事会提交投资申请，获得有条件注册证书后，再行注册。

二、投资主管部门及职能

内阁办公厅和柬埔寨发展理事会是负责外商项目投资的批准机构。柬埔寨发展理事会是负责重建、发展和投资监管事务的一站式服务机构，主要由柬埔寨重建和发展委员会及柬埔寨投资委员会组成。柬埔寨发展理事会对于在本国的重建、发展工作和投资项目活动进行评估和决策，批准投资人注册申请的合格投资项目并颁发最终注册证书。一般来说，外商投资项目经柬埔寨发展理事会评估后进行批准。但是，对于属于以下六种条件之一的投资项目，需由柬埔寨发展理事会提交内阁办公厅批准：（1）投资额超过5000万美元；（2）涉及政治敏感问题；（3）矿产及自然资源的勘探与开发；（4）可能对环境产生不利影响；（5）基础设施项目，包括BOT（建设—经营—转让）、BOOT（建设—拥有—经营—转让）、BOO（建设—拥有—经营）和BLT（建设—租赁—转让）项目；（6）长期开发战略。

柬埔寨发展理事会作为政府执行机构，其职责是负责柬埔寨重建与投资的参谋和单一窗口机构；与有关单位合作并指导拟定发展柬埔寨的概念与战略目标；与所有国家和国际组织进行多边与双边合作以及加强与非政府组织之间的联系，让他们更了解柬埔寨发展国家的经济战略概念及其他优先发展项目，以便协调接受和恰当使用国际援助，使之符合国家优先发展项目的要求；协调部际事务，指导与分配公共资源和私人资源的使用，为发展柬埔寨提供帮助；根据柬埔寨发展理事会单一窗口机构的职责，审批重建和发展各项投资计划。

三、协助管理部门

柬埔寨的协助管理部门是柬埔寨管理外商投资机构体系的重要组成部分。协助管理部门主要包括经济和财政部，商务部，外交与国际合作部，农村发展部，矿产能源部，农林渔业部，环境部，公共工程与运输部，旅游部，土地管理、城市规划和建设部，国家银行等。协助管理部门主要配合主管部门工作，其职责是要求各部门与各机构必须按照单一窗口机制相互协调、落实公共投资项目；总理府、各部门、各机构必须按照单一窗口机制相互协调，并遵循各自的任务，检查应执行的投资项目；有关部门、机构按照规定参与检查并审批私人投资项目；有关部门、机构监管私人投资，要遵守单一窗口机制；有关部门、机构监视由发展理事会批准的私人投资计划与经营情况；外交与国际合作部是负责外交事务的官方窗口；计划部应与有关部门合作，制订五年计划与公共投资项目；经济和财政部应评估中期宏观经济形势，并安排每年度公共投资预算与监管财务的使用；每个部门按照自己的职责、计划与柬埔寨发展理事会密切合作，以便拟定公共投资计划并按照计划推行部门分内的任务与公共投资项目的事务。各部门根据分工进行职能划分，如经济和财政部负责指导和管理经济和财政金融事务，商务部主要负责外商投资在商业活动范围内的事务，环境部对外商投资的项目进行环境评估，矿产能源部与外商投资合作发展柬埔寨的工业、矿产和能源，等等。

案例：赴柬投资的风险与注意事项

案例一：到柬埔寨投资的形式

案例背景：中国企业A欲到柬埔寨开展投资业务，需要成为合格的外国投资者，在柬埔寨可选择的投资形式很多，企业A可选择的投资方案具体如何？

在柬埔寨投资，可以选择公司形式类型较多，取决于企业是否希望登记为外国企业或直接在柬埔寨开展业务。

投资方案1：企业A在柬埔寨登记为外国企业，根据外国法律成立法人实体，在柬埔寨设有营业地并开展业务。采取此种措施的企业可以通过设置代表处、分公司、子公司的方式在柬埔寨进行投资。在柬埔寨，代表处不是最适合外国直接投资的形式，因为其不能在柬埔寨买卖商品、提供服务或从事制造、加工或建筑工作。分公司与外国母公司是同一实体，外国母公司将对分公司的义务、损失和债务承担法律责任，在柬埔寨设立的分公司，只要不违反外国自然人或法人相关法律或规定，如拥有土地等，就可以买卖商品、提供服务和从事制造、加工和建筑工作。子公司是由外国母公司在柬埔寨注册成立的公司，母公司至少持有其注册股本的51%。该子公司具有独立的法人资格，可以成立为合伙公司或有限责任公司，并可定期开展类似于当地公司的业务，但无法拥有土地。如果分公司打算拥有土地，必须由柬埔寨自然人或法人持有其至少51%的注册股本。

投资方案2：企业A在柬埔寨直接设立公司，可以成立有限责任公司的方式成为外国投资者。有限责任公司是在柬埔寨直接投资和开展业务的最常见的法人实体，通常作为投资者的离岸控股公司的子公司成立。由于柬埔寨对外资参与投资比例基本没有限制，投资者可以设立外商独资、柬埔寨股东全资，或柬埔寨及外国股东共同持股的公司。有限责任公司可以是私人有限公司，也可以是公众有限公司。私人有限公司是外商投资的首选实体形式。建议企业A考虑成立私人有限公司，在该种公司形式下，股东的责任将以其出资额为限。

案例二：获得鼓励支持的项目

案例背景：中国企业A计划到柬埔寨开展投资活动，欲选择一个投资领域，去争取更多的投资鼓励政策支持，最终在这些领域中择一实施相关项目。

投资方案：中国企业A可选择开发创新、职业培训、交通工具等基础设施项目、机械制造等促进经济发展的投资活动。这些领域的投资项目既可以获得税收优惠，还可以获得其他特别优惠。

案例三：土地使用权风险

案例背景：中国企业A欲到柬埔寨开展投资，欲租赁土地或以土地作为投资出资，企业A签订相关合同时将面临什么法律风险？

投资方案1：企业A租赁土地用于投资，应当在签订租赁合同之前核实土地所有人的所有权。由于前期长时间战乱，柬埔寨众多土地所有权权属证明文件及地块登记资料丢失，在土地所有权和使用权方面可能会产生较大法律风险。

投资方案2：企业A以土地作为投资出资，在签订购买合同之前除了需要核实土地所有人的所有权之外，还需要成为合格的柬埔寨籍投资者。

由于柬埔寨不允许外资拥有土地所有权，企业A不能直接拥有土地所有权，只有柬埔寨籍自然人或法人（柬埔寨公民或公司持有51%或51%以上股份的公司）才可以拥有土地所有权。企业A在签订购买土地所有权的合同前应当注意土地所有权和使用权方面的法律风险，在签订按土地所有权分配利益的合同前应该注意是否符合柬埔寨籍的主体资格。

投资方案3：企业A寻找柬埔寨公民作为代理人购买土地，同时签订信托协议获得土地管理权，或者土地所有者在土地上设立抵押权同时出租给投资者。这个投资方式间接获得土地管理权，但是同时也逃避了柬埔寨禁止外国人购买土地的法令约束。目前采用此种投资方案的投资者极易陷入土地纠纷，所面临的法律风险和投资风险极大。

案例四：申请注册合格投资项目

案例背景：中国企业A到柬埔寨开展投资活动，欲申请注册合格投资项目，应当向什么部门申请？申请将面临什么风险？

投资分析：柬埔寨发展理事会是外商投资主管部门，企业A应向柬埔寨发展理事会申请注册合格投资项目。由于柬埔寨的税收优惠、鼓励政策较多，企业申请审批手续较为复杂。柬埔寨发展理事会虽然开始开放线上申请注册合格投资项目，但是目前线上平台仍未能正常使用，仍以纸质材料申请为主，办理的效率不够高，新《投资法》的执行尚未完全到位。办理企业营业执照需要耗费一些时间，再办理税务登记证则又要耗费一个月时间，企业成功注册之后向柬埔寨发展理事会注册申请合格投资项目则需要再办理手续并等待20个工作日。柬埔寨虽然对审批监管已经进行大幅度优化，但审批手续仍比较复杂，审批时间成本也不低，加之柬埔寨有审批权限的管理人员之中存在贪污腐败的现象，企业得到批准的时间可能会有所拖延。此外，新《投资法》虽然生效，但目前外商投资的负面清单仍未更新，柬埔寨发展理事会仍使用旧的投资负面清单，企业A若想要申请注册合格投资项目可能面临新旧负面清单未转换的尴尬处境。

第二章
公司注册和管理

怎样到RCEP成员国投资

柬埔寨篇

根据《柬埔寨王国商业企业法》的规定，在柬埔寨境内，从事商业经营活动的企业主体形式主要有合伙和公司。其中，公司的种类包括私人有限公司和公众有限公司。考虑到业务的特殊性，凡是在柬埔寨境内从事银行、保险和金融业务的公司都应当适用其他专门法律的规定。

第一节　公司基本制度

本节将从介绍《柬埔寨王国民法典》中的公司概念入手，详细讨论和分析柬埔寨关于公司种类，公司发起人，公司名称，公司章程，公司股份、账户和股息，以及公司法律能力等有关公司基本制度的规定。

一、公司的概念和种类

（一）公司的概念

整体而言，柬埔寨法律体系属于大陆法系。根据《柬埔寨王国民法典》的规定，公司是指依法被授予享有独立权利和义务的且独立于其成员的具有法律主体地位的法人组织。在对外责任关系上，公司以其全部财产对外承担责任，公司的成员以其对公司的出资总额为限对公司的债务承担责任。从法律性质上看，公司是具有独立民商事主体资格的法人。《柬埔寨王国民法典》将法人分为社团法人和财团法人，公司属于社团法人。

根据柬埔寨法律的相关规定，如果一家公司附属于另一家公司，或者两家以上的公司同时受控于同一家公司（或者同一个人），则这些公司互为关联公司。

（二）公司的种类

《柬埔寨王国商业企业法》借鉴了英美法系公司法的立法经验，将公司分为私人有限公司和公众有限公司。

1.私人有限公司的特点。

（1）股东人数的限制。私人有限公司属于封闭式公司，其股东人数有数量上的限制。根据柬埔寨法律的规定，普通私人有限公司的股东人数一般为2～30名。但是，柬埔寨法律允许一名股东组建成立一人私人有限公司。除了股东之间的关系外，一人私人有限公司与普通私人有限公司在其他方面的要求是一样的。

（2）发行股份和债券的限制。私人有限公司一般不得向公众发行其股份或其他债券，但是可以向其股东和管理人员发行股份和债券。

（3）类型股份转让的自我限制权。私人有限公司可以对其各类股份的转让有一项或多项限制。

（4）公司成立日期的确定。私人有限公司自根据商务部提供的规定表格进行商业登记之日起被视为私人有限公司。

2.公众有限公司的特点。

与私人有限公司不同的是，公众有限公司具有开放性，一般对公司的股东没有人数上的限制。公众有限公司往往涉及人数众多的股东，可以依照法律的规定向社会公众发行股份和债券。同时，为了保护众多股东的合法权益和公共利益，法律往往对公众有限公司有较多的限制。

二、公司发起人

在柬埔寨成立一家有限公司，应当由符合法律规定的发起人向柬埔寨商务部公司管理者提交法定文件，经柬埔寨商务部公司管理者依法登记注册后，公司便可获得公司注册证书。

设立有限公司，应当由公司发起人申请设立。公司发起人可以是一名或多名合格的自然人或法人，也可以是由数名自然人和法人共同充当。

由于公司设立行为是属于商事行为，因此，当发起人为自然人时，自然人应当具备相应的行为能力。发起人决定设立一家有限公司时，应当向柬埔寨商务部公司管理者提交公司章程从而申请成立有限公司。当公司顺利成立后，公司发起人就会转变为公司的股东。公司在设立阶段，发起人从事的必要的与公司设立相关的行为，其法律后果应当由设立后的公司承继。

三、公司名称

公司名称是设立公司必不可少的基本要素，也是识别公司身份的外在标志，是公司法人独立性的体现。公司发起人在设立公司前，应当依照法律规定确定公司的名称。私人有限公司的名称应在公司名称末尾注明“私人有限公司”或适当形式的缩写。公众有限公司的名称应在公司名称末尾注明“公众有限公司”或适当形式的缩写。

为了保证公司拟使用的公司名称的合法性，柬埔寨法律规定柬埔寨商务部公司管理者应当预先审查发起人提交的公司名称，并有权拒绝注册任何与其他先前已注册公司名称相似或违反公共秩序、粗俗、诽谤或其他不当的公司名称。柬埔寨商务部公司管理者关于公司名称作出的决定具有终极约束力。

公司名称体现公司的身份和独立性，在公司设立过程中，除了和公司设立直接相关的行为外，一般不允许公司发起人以公司名义和第三方实施相关的交易行为。

四、公司章程

公司自我管理和规范的根本性文件叫作公司宪章。公司宪章一般包括公司章程和公司细则。一般认为，公司章程是规范公司和外部关系的主要文件，而公司细则主要用来规范公司内部关系。公司宪章对公司、股东、董事以及公司高级管理人员具有法律约束力，是公司设立的必要条件之一。任何发起人拟设立公司时，应当依法制定公司章程和公司细则。关于公司章程和公司细则的规定，《柬埔寨王国商业企业法》借鉴了1985年《英国公司法》有关公司章程和公司细则的有关规定。

（一）公司章程的内容

公司章程的内容由两部分组成。一部分内容是法律规定公司章程必须具备的内容，这部分内容属于公司章程的法定条款。另一部分内容是公司发起人或者股东可以根据公司管理、经营的需要自行商议确定公司章程中的任意条款。任意条款通常体现了公司的个别差异性和公司各自的管理需求。

根据《柬埔寨王国商业企业法》第93条的规定，公司章程应当包括的法定条款主要有以下内容：

1.公司的名称。

2.公司在柬埔寨王国拥有的公司注册办公室。

3.公司目的以及对公司可能开展的业务的任何限制；公司目的可以包括一项或多项不违背法律规定的商业业务。

4.以国家货币表示的法定资本。

5.公司授权发行的公司股份类别、股份最大数量以及每股面值。

6.如果公司被授权发行一类以上的股份，公司章程应说明股份的最大数量和每股面值，并应说明每个类别股份所附带的权利、特权、限制和条件。

7.如果公司可以连续分期发行某一类股份，公司章程应授权董事明确每期发行的此类股份的数量，确定每期发行的股份名称以及股份附带的权利、特权、限制和条件。

8.关于公司股份发行、转让或所有权的限制，以及关于此类限制性质的声明。

9.每位公司股东的姓名和完整地址。

10.公司董事人数，或公司董事的最高和最低人数。

公司章程还应当包括公司其他需要说明的内容。

（二）**公司章程的签名**

公司章程可以通过私人协议或公证人签署的方式完成。公司章程是公司股东之间形成的重要协议，若要公司章程产生法律效力，除了公司章程内容符合法律规定之外，公司章程还需要公司股东的签名。因此，不管是以何种方式签署公司章程，公司章程内容确定后，都应当由公司所有股东在公司章程上签字。

（三）**公司章程的备案**

公司设立过程中，公司发起人应当将公司章程提交给柬埔寨商务部公司管理者进行备案，并附上其他公司注册文件。

（四）**公司章程的修改**

1.公司章程修改的基本规则。

有限公司可以随时多次修改其公司章程。公司章程应当通过特别决议予以修改。每一类别或系列股份的持有人，有权就下列事项进行单独投票：

（1）添加、更改或删除公司类别或系列股份的权利、特权、限制。

（2）增加或者减少公司类别或系列股份的最大股份数量。

（3）增加不低于公司其他股份权利或特权的类别或系列股份的最大数量。

（4）创建不低于公司类别或系列股份的新类别股份。

（5）使得公司任一类别股份的权利或特权低于、等于或高于其股份自身应用的权利或特权。

（6）减少公司类别或系列股份的声明资本账户。

在公司章程规定某一类别或系列股份的股东无表决权时，如果公司章程修改内容将会对此类股东所持股份权利、特权产生不利影响的情形下，该类股东仍然就该公司章程修改内容享有单独表决的权利。无表决权股东的此项投票权不得通过公司章程或其他任何方式被废除、减少或限制。

公司应在举行公司章程修改会议前至少20天书面通知有表决权的股东，并在会议通知中附上公司章程修正案文本。

2.公司章程修正案的内容。

公司章程修正案可以就下列内容进行修改：

（1）更改公司名称。

（2）增加、减少或改变本公司的目的、目标或承诺。

（3）随着任何类别股份的绝对特征和相对特征的变化，重新分配任何类别股份的数量。

（4）更改任何类别股份的应付股息。

（5）通过创设不同于现有类别股份权利的新类别股份来增加公司资本。

（6）通过降低公司任何类别或系列股份的票面价值来减少公司资本。减资后的公司资本不得低于公司章程规定的公司资本的一半。在公司章程修正案提交至商务部后的90天内，不得减少公司资本。在此期间，公司的任何债权人对公司减资方案有异议的，公司应当对无争议的债权人债务进行全额清偿。公司清偿债权人债务后，公司减资方案生效。

（7）变更本公司的存续期限。

（8）变更注册办公室。

（9）变更法定人数。

（10）增加本法授权列入本条款的任何条款。

任何有关章程修改的文件均应明确载明股东批准修改的日期，并应至少由董事会董事长或董事长授权的任何董事签署。在召开关于通过修正案会议后的15天之内，公司应当向柬埔寨商务部公司管理者提交批准修正案的全部文件。柬埔寨商务部公司管理者在收到申请人提交的修正案文件后，应当向该公司颁发修正案证书。修正案自修正案证书所记载之日起生效，除非修正案本身规定了较晚的其他生效日期，且该日期不得晚于修正案证书颁发后的90天。

（五）公司章程细则

公司可以通过章程细则来规范公司的业务或事务。但是，公司不能通过章程细则来赋予公司或其董事任何特定的权利。

五、公司股份、账户和股息

（一）公司股份

1.股份价值。

公司发行的每股股份均应采用注册形式。每股股份具有票面价值，本公司不得以低于票面价值的价格发行任何股份。公司各类股份的权利、特权、限制和条件应在条款中列明。

2.股份的数量、价值和权利。

如果公司章程细则没有提供所附股份的数量和价格，公司应发行至少1000股，票面价值不少于每股4000瑞尔。

如果公司章程没有规定公司股份类别，公司只有一种股份，这些股份持有人的权利在各方面是平等的，包括下列权利：

（1）在本公司的任何股东大会上进行表决。

（2）接受本公司宣布的任何股息。

（3）领取公司解散时的剩余财产。

3.种类股份的权利。

公司章程可以规定一种以上的股份，并应当列明公司每类股份的权利、特权、限制和条件。公司章程应当单独或整体列明公司某类股份具有的《柬埔寨王国商业企业法》第144条规定的下列权利：

（1）根据有限公司或股东自身的选择，或者因为公司发生特定事由，股东有权将其股份转换为该有限公司或者另一有限公司的其他类别的股份或债券。

（2）有限公司清算或解散后享有净资产的优先权。

（3）根据有限公司或股份股东的选择赎回或回购。

（4）对可转让性的限制。

4.股份发行对价。

公司股份、债券应当依照公司章程规定和股东享有的优先购买权在董事会指定的时间内向其确定的人员发行。董事会决定拟发行公司股份和债券的价格。在购买者没有以货币、实物或已完成的服务折价全额支付股份价格之前，不得向其交付公司股份凭证。

股份购买者可以以其商标权、版权、专利权和其他任何无形财产或商标许可使用权折价向公司购买股份。公司董事会确定非货币财产或已完成服务的价值。除非发生欺诈，否则公司董事会的上述决定将是终局性决定。值得注意的是，购买者不得以其已完成的服务折价购买上市公司发行的股份。

5.发行系列股。

公司章程可以授权董事会发行一种或多种系列股份，并授权董事会确定拟发行股份的数量，决定每类股份的权利、特权、限制和条件。除非另有规定，同类股份的权利、特权、限制或条件应当是相同的。

（二）公司法定资本账户

1.设立公司资本账户。

公司应当就其发行的股份设立一个单独的公司资本账户，并应将其发行股份所取得的货币、实物或服务折价金额登记于上述指定资本账户中。

2.法定资本增减的限制。

公司可以根据自身的需要对其法定资本数额进行增减。如果公司拟增加其法定资本数额，但是公司尚未实际取得该笔资本时，必须经过公司董事会特别决议批准，公司才可以增加其法定资本数额。

未经公司特别决议，公司不得减少其法定资本或其他任何资本数额。减少公司资本数额的特别决议应当详细载明公司拟减少的公司资本内容。但在下列情形下，公司不得减少其资本数额：

（1）公司正在付款或在付款后，无法支付其到期的债务。

（2）该公司资产的可变现价值将小于其负债的总额。

如果公司减少其虽已记账但尚未实际获取的资本数额，则不适用上述规则。

为了保障公司债权人的合法权益，减资公司的债权人可以向法院申请命令，要求减资公司偿还因违反上述减资规定实施公司减资后向股东分配的相应货币或财产。

（三）公司股东股份优先购买权

如果公司章程明确规定公司股东对公司某一类股份有优先购买权，除非公司首先向对该类股份有优先购买权的股东提出，否则公司不得再发行该类股份。公司股东有优先购买的权利，根据其持有的该类股份的比例，以向第三方的价格和条件购买所发行的公司股份。

（四）转换选择权

一家公司可以将对其享有的特权、期权或权利转化为公司债权，并制作相关权利证书。在此种情形下，公司应当明确规定将上述权利转化为公司债权的具体条件。

（五）股份证书

公司依照法律规定和公司章程规定向公司股东发行公司股份后，公司每个股东都有权获得相关股份证书。公司发行的每份股份证书应注明公司名称、发行人的姓名、股份的数量和类别以及该证书所代表的任何系列股份名称。

（六）公司股份转让

根据《柬埔寨王国商业企业法》的规定，公司股份可以转让。公司应根据转让人和受让人的要求，转让股份并在其账簿和记录中进行适当的记录。

（七）收购公司自身的股份

根据公司章程规定，公司可以回购或赎回其已发行的股份。公司应自始拥有至少一种具有完全投票权的流通股，且不得进行强制赎回或回购。如果公司股份被回购，股东有义务将已被回购的股份移交给公司，以便公司向其支付被回购股份的价款。被回购股份的股东没有履行上述义务时，公司可以将回购股份的价款存入该股东已知银行的单独账户中，并书面通知该股东。公司一旦向股东支付回购股份的价款，应立即注销其账簿和已回购股份。

六、公司的法律能力和权利

（一）公司的法律能力

公司依法成立后，便可获得法律上的独立主体资格。作为法人，公司拥有和自然人一样的法律能力、权利和特权。依法成立的公司，可以在柬埔寨境内从事公司业务。在具有管辖权的法律许可的情形下，公司可以在柬埔寨境外开展业务、处理公司事务和享受其权利。

（二）确定公司国籍

在柬埔寨境内依法成立的公司符合下列条件时，该公司即被认为是柬埔寨本国公司：一是成立的公司在柬埔寨境内拥有营业地和注册办公室；二是由具有柬埔寨国籍的自然人或法人持有该公司51%以上表决权股份。

（三）公司的权利

1.公司章程对公司业务或权利的限制。

公司章程可以对公司的经营范围和权利依法作出限制。公司不得开展任何受其章程限制的业务，也不得以违反其章程的方式行使其任何权利。

2.公司权利的保留。

公司违反其章程或细则的行为本身并不会使此类行为失效。该规则适用于公司所有的行为，包括对公司实施的财产转让行为以及公司对外实施的财产转让行为。

3.不构成法律推定的通知。

柬埔寨商务部公司管理者归档公司文件的事实，或者文件在公司办公室可供检查和复制的事实本身不会影响任何人，也不会构成向任何人发出有关该文件内容的通知。

（四）对第三人的保护

公司或对公司负有担保义务的人不得针对与公司交易的第三人或从公司获得权利的第三方就下列情形提出抗辩。但是，如果该第三人因为其职位或者与公司的关系知道或应当知道此类情形的，则不受上述情形的影响。

1.公司章程和细则未得到遵守。

2.向柬埔寨商务部公司管理者发送的有关公司最新董事通知中指定的人员并非公司董事。

3.向柬埔寨商务部公司管理者发送的最新公司注册办公室通知中指定的地点不是公司的注册办公室。

4.以董事、高级管理人员或代理人身份获得公司提名者，但是，该提名者并没有获得公司委任，或者无权行使公司业务中惯常的权力及执行作为公司董事、高级管理人员或代理人通常拥有的职责。

5.公司任何董事、高级管理人员或代理人签发的文件无效或不真实。

6.未经授权而实施的有关公司的贷款和担保，或者公司财产的出售、租赁或交换。

第二节 公司注册和记录制度

《柬埔寨王国商业法规和商业注册法》详细规定了有关公司注册的程序和规则。公司注册是国家管理和控制公司的主要途径之一，具体由柬埔寨商务部负责。商务部应当向商业法院提交一份有关公司商业登记册以及与商业注册有关的所有原始文件，作为商业法院对公司行使商业管辖权的依据。商业公司有义务通过商务部商业登记自动化系统进行注册。自动化商业登记的网址为www.businessregistration.moc.gov.kh。

一、商业主体注册官

注册官是指根据《柬埔寨王国商业法规和商业注册法》规定而任命的商业主体注册官。注册官依照法律规定专门负责在柬埔寨境内从事商业经营的商业主体的注册登记事项。商业公司的登记册称为“商业登记册”，保存在商业法院登记员办公室。注册办公室指根据《柬埔寨王国商业法规和商业注册法》设立的办公室。

二、公司注册代理人和注册办公室

（一）注册的基本要求

从事商业经营的公司应在柬埔寨持续拥有公司注册办公室以及公司注册代理人。在公司成立时，公司应当向商业主体注册官提交公司注册办公室的具体地址，包括街道地址和在柬埔寨的邮寄地址（如果与街道地址不同）。同时，公司应当向商业主体注册官提交公司注册代理人的姓名。注册的公司代理人应当是具有法律资格的自然人。公司注册代理人应当有权代表公司接收各类有关公司的官方发出的文件和资料，包括法院向该公司发出的传票或者相关诉讼文件。如果公司成立后发生了有关公司注册办公室任何方面的变更，公司应当依法向商业主体注册官提交公司注册办公室发生的所有变更信息，该变更信息的提交须在公司变更生效后15个工作日内完成。注册成立的任何公司均应受柬埔寨法律管辖。

（二）公司接收文件的要求

法律要求公司成立时，依法注册公司代理人和办公室的基本目的在于，保证官方向公司发出的文件能够有效递交至公司指定的接收人和接收地址，从而确保公司和官方以及第三人之间的有效沟通。

除非法律另有规定，依法应当交付给公司的任何类型的法定文件应当依法提交给公司代理人，并将此类文件在公司正常营业期间留存在公司注册办公室，以供有关主体了解和核查。也可以将上述文件或资料交付给公司任何一名董事。

如果无法通过上述方法向公司交付文件或资料时，可以将文件或资料交付给商业主体注册官，再由商业主体注册官将该文件或资料邮寄至在该注册官处登记的该公司最后地址。依法交付给商业主体注册官的文件或资料应视为交付给该公司。

三、柬埔寨语名称的使用

公司应以柬埔寨语显示其名称。若用两种或多种语言表述公司名称时，应将柬埔寨语公司名称置于其他语言公司名称上方，且其外形应大于其他语言公司名称。同时，公司其他语言名称的发音应当和公司柬埔寨语名称的发音相同。公司应在其所有用于公共目的文件中使用的印章、标志、信头和表格上显示柬埔寨语公司名称。在柬埔寨境外，公司可以使用其他语言表述其名称。

四、未支付费用、罚款和利息

对于公司拖欠商务部的相关费用、罚款和利息，在公司尚未全额支付该欠款之前，该公司不得就该欠款支付问题提起民事诉讼或抗辩。但是此项规定并不影响该公司就是否向商务部拖欠相关费用、罚款和利息问题提起民事诉讼或抗辩。

五、年度申报

年度申报制度是柬埔寨商务部实时了解和掌握公司经营状态的主要方式之一。同时，年度申报制度有助于市场其他主体及时了解和掌握公司的现状，以便在和该公司进行某项交易时作出审慎的判断。因此，公司应当依照法律的规定向商务部提交年度声明，以确认公司的实时状态。

六、公司文档记录和印章制度

（一）公司文档记录

公司应在其注册办公室准备并保存的文档记录包括：

1.公司章程及其所有修正案。

2.股东会议记录和股东决议。

3.根据《柬埔寨王国商业企业法》要求发送或提交的所有通知的副本。

4.证券登记册。

（二）查阅公司文档记录

公司的股东、债权人、代理人、法定代表人和公司董事可在公司正常营业时间内查阅上述公司记录，并可免费获取相关资料。如公司为公众有限公司，任何其他人可获取公司的相关记录，但需要支付合理的费用。

（三）股东名单的使用

任何人不得使用公司股东名单，除非存在下列情形：

1. 发生影响公司股东表决的事项。

2. 提出收购公司股份的要约。

3. 与公司事务有关的任何其他事项。

（四）董事文档记录

公司应准备并保存与董事事务相关的文档记录，包括董事和董事会委员会的会议记录和决议。董事文档记录应保存在公司的注册办公室或董事认为合适的其他地方，并应在合理的时间内开放供董事查阅。

（五）公司会计记录

会计年度结束后，公司应当编制并保存本会计年度期间的会计记录，会计记录的保存时间为10年。如果公司会计记录保存在柬埔寨以外的其他地方，那么这些会计记录的副本应当保存在公司注册办公室。公司及其代理人应采取合理预防措施，以确保公司账簿和记录得到准确和妥善保存。

（六）公司印章

由公司董事、高级管理人员或代理人代表公司签署的文书或协议，不因没有加盖公司印章而无效。

第三节　公司管理

作为拟制的法人，公司与自然人之间的主要区别之一在于公司有其稳定的组织机构。一般来说，公司的组织机构主要包括股东会、董事会等。公司组织机构通过公司会议等制度完成对公司的运营管理。

一、公司董事和董事会议

（一）公司董事

1.董事的资格。

任何年满十八岁且具有行为能力的自然人均可担任公司董事或高管。董事无须成为股东或满足任何其他资格要求，除非公司章程或细则对董事任职资格规定了特定要求。

2.初始董事。

在提交公司文件和公司章程时，公司发起人应当按照商务部规定的格式向商务部公司管理者提交公司董事名录。公司注册证书签发后，由一名公司创办人或一名董事组织召开公司董事会会议。董事会会议通知应至少提前5天以邮件方式发给各公司董事。该会议通知应当载明会议召开的时间和地点。初始董事应自公司成立之日起任职至公司召开第一次股东大会。

初始董事应在公司成立后一年内组织第一次股东大会。会议通知应至少提前20天以书面形式发给有权出席会议的人员。通知应说明会议的日期、地点和议程。

3.董事人数。

私人有限公司应有一名或多名董事。公众有限公司应有至少三名董事。公司董事应当由有投票权的公司股东通过股东会普通决议的方式选举产生。

4.董事类别。

公司章程可授权每类股份持有人选举一名或多名公司董事。公司类型股份持有人选举的董事应当依照公司章程规定的期限和要求履行董事职责。

5.董事的任期。

如果公司章程没有规定董事任期，则每名董事的任期为两年，董事可以连任。公司可以交叉任免董事，以避免公司所有董事的任期在同一年到期。董事可在任期届满后继续任职，直至选出新的董事继任者。

6.董事的罢免。

有权投票给董事的多数股东可以任意罢免董事。

7.董事的辞职。

董事可随时向公司发出书面辞职通知。董事辞职应在公司收到辞职通知之时或者在辞职通知中规定的时间生效。

在公司新董事被任命之前，提出辞职的公司最后一名董事应对其辞职给公司造成的损害承担相关责任。

8.董事的权利。

董事应管理公司的业务和事务。公司章程应列明董事的下列权利：

（1）任命和罢免公司所有的管理人员，并确定这些人员的具体权利。

（2）确定公司管理人员的工资和其他报酬。

（3）确定董事的薪酬或其他报酬，并提交股东批准。

（4）发行公司票据、债券和其他公司债务凭证。

（5）向股东提议修改或废除公司章程。

（6）向股东提议公司与其他主体之间的合并事项或合并协议。

（7）向股东提议出售公司全部或大部分资产。

（8）向股东提议解散或清算公司。

（9）根据公司股份分红计算标准和支付条件，宣布公司股份分红方案。

（10）在公司章程和细则授权的范围内发行公司股份。

（11）借贷货币。

（12）发行、重新发行或出售公司债券。

（13）代表公司提供担保。

（14）通过抵押、质押或以其他方式在公司财产上设立担保。

（15）封存公司年度财务账簿，并向股东和股东大会提交公司年度利润报告。

9.董事的责任。

（1）股份发行责任。

当公司以非货币折价方式发行股份收到的实际股份金额低于公司决议确定日以货币计价确定的股份发行金额时，投票赞成以非货币折价方式发行股份决议的董事要对上述以非货币折价方式发行股份所造成的股份价格差额部分承担连带责任。

若上述投赞成票的董事能够证明他不知道也不可能有理由知道公司股份的非货币折价发行价格会低于该股份的货币计价，则该董事不承担上述连带责任。

（2）其他责任。

投票赞成或同意授权购买、赎回或以其他方式收购公司股份、减少法定资本额或支付违反《柬埔寨王国商业企业法》要求的股息决议的董事，将对此类已分配或支付款项退回公司负有连带责任。

（二）公司董事会议制度

1.董事会主席。

董事会应从其成员中选出一名主席。董事长可经董事会多数票罢免，但不得罢免其董事职务。

2.董事会的召集。

董事长有权召开董事会。现任董事总数的三分之一可以召开董事会。除非公司章程或细则另有规定，董事会应在柬埔寨境内举行。董事会应至少每三个月召开一次。董事会决议的通过应根据出席会议的成员或代表的多数票决定。

3.董事会的通知。

董事会可在通知中规定的任何地点召开会议。通知应说明会议日期和详细议程。

4.董事会书面商议制度。

除非公司章程另有规定，董事之间可以以书面方式处理公司事务。

公司董事以书面方式票决相关公司事项时，应当将需审议或拟采纳的提议、支撑该提议的背景资料以及对提议进行“是”或“否”投票的表单事先交付给每位董事。如果所有公司董事以书面形式投票批准某一事项，则该事项视为董事会批准。所有董事的书面回复应成为董事会记录的一部分。公司董事会秘书应编制董事决议书面报告，并将该报告分发给公司每位董事。

5.委员会。

董事会可在其认为必要时设立委员会，以便利其事务。董事会委员会可由董事会多数通过书面决议设立。每个委员会应由一名或多名董事组成，由董事会多数成员任命。委员会应以与董事会相同的方式召开会议。每个委员会都应享有创建该委员会的书面文件授予的权利。但是，不得向委员会授予采取下列行动的任何权利：

（1）向股东提议修改公司章程或细则。

（2）向股东提议公司与任何其他人之间的合并或合并协议。

（3）向股东提议出售公司全部或大部分资产。

（4）向股东提议解散或清算公司。

（5）宣布股息。

（6）发行公司股份。

6.会议的召开。

除非公司章程另有规定，公司董事会会议应由占全部董事多数的董事出席方可举行。每位董事享有一票投票权。在获得其他董事书面授权的前提下，公司董事可以在董事会会议上作为该委托董事的代理人行使代理权。公司董事会秘书应编制并保存所有董事会会议记录，并将其副本发送给公司所有董事。

二、公司股东会

（一）公司股东会的召集

1.董事召集会议。

公司董事应在公司成立后12个月内召开年度股东大会。公司董事可随时召开临时股东大会。

2.股东召集会议。

公司股东可以要求董事会为实现其请求中载明的目的而召开股东大会。该请求应由持有不少于公司已发行股份51%的且有投票权的股东提出。公司股东提出的召开股东会议的请求可由一名或多名股东签署的多份书面请求组成。该请求应说明股东会议上处理的事项，并应将该请求发送给公司每位董事和公司注册办公室。收到公司股东提交的上述请求后，董事会应召开股东大会，处理请求中列明的决议事项。如果公司董事会在收到上述请求后21天内未召开股东会议，签署该请求的任何股东均可召开股东会议。

3.法院召集会议。

如果以公司章程或《柬埔寨王国商业企业法》规定的方式召开股东大会不可行，或出于任何其他原因，董事、有投票权的股东或公司管理者可请求法院指令公司以其认为适当的方式召开股东会议。为实现法院指令召集公司股东会议的目的，法院可指令公司在召开的股东会议上更改或免除公司章程或《柬埔寨王国商业企业法》规定的召开公司股东会议的法定人数。

（二）公司股东会的基本要求

1.会议地点。

股东大会应在公司章程或细则规定或董事会决定的柬埔寨境内的地点举行。如果所有有权投票的股东同意，股东大会可在柬埔寨境外举行。

2.确定公司股东登记日。

有权接收参加公司股东大会通知的股东应该是在公司股东登记日营业结束时登记于公司证券名册中的股份持有人。董事会可确定一个股东登记日，该登记日不得早于股东会议召开前50天，也不得晚于股东会议召开前20天。

如果董事未确定股东登记日，则股东登记日应为会议通知发出前一天的营业结束之日，如果未发出通知，则为会议召开之日。

3.公司股东登记日的通知。

如果董事会确定了公司股东登记日，董事会应在公司注册办公室所在地发行的公众报纸上发布公司股东登记日的通知。董事会还应向公司股份上市交易的柬埔寨各证券交易所发出书面通知。公司股东登记日通知应在董事会确定公司股东登记日后7天内发出。

4.股东名册。

公司应当编制一份有权接收参加股东会议通知的股东名册。股东名册应当按股东姓名字母顺序排列，并显示每位股东持有的股份数量。如果董事会确定了公司股东登记日，董事会应在确立公司股东登记日后10天内编制股东名册。

如果董事会没有确定公司股东登记日，则应依照下列方式编制股东名册：一是根据发出召开股东会议通知前一天营业结束时的股东身份情况来确定股东名册；二是如果没有发出股东会议通知的，则根据公司股东会议召开之日的股东身份情况来确定股东名册。

股东名册的效果。在股东名册上列明的公司股东有权依照其持有的股份在通知其参加的股东会议上行使投票权。如果股东名册上的股东在股东登记日后将其股份转让给他人，在满足以下两项要求后，该股份受让人有权在公司股东会议上行使投票权：一是股份受让人出示适当背书的股份证书，或以其他方式证明其拥有被转让的股份；二是股份收入人要求在公司章程规定的股东会议召开前10天内，将其姓名列入参加股东会议的股东名册。

股东名册查阅。公司股东可以在公司注册办公室或保存其公司权证登记地的正常营业时间内查阅股东名册，也可以在股东大会召开期间查阅股东名册。

5.会议通知。

每次股东大会的书面通知应在会议举行前50天至20天发给公司所有股东、董事和审计师。股东大会通知应说明会议日期、议程和地点。在会议上讨论特殊事项时，会议通知应当就下列内容作出详细说明：一是该事项的性质，以允许股东作出合理判断；二是将在会议上提交的特别决议文本的内容。股东未收到会议通知并不影响其在股东会议上的投票权。如果股东大会延期举行少于30天时，除非公司章程或细则另有规定，否则可在该会议举行之初时作出说明即可，无须另外发出会议延期通知。

6.股东提案。

有权在年度股东大会上投票的股东可以向公司提交拟在公司会议上讨论的任何提案，并就符合公司会议要求的其他股东提案发表意见。

7.法定人数。

除非公司章程另有规定，股东大会的法定人数为有权在会议上投票的多数股份的持有人出席或由代理人代表出席。

如果股东大会开幕时出席人数达到法定人数，则出席的股东可以继续处理会议事务。如果股东大会闭幕时出席人数不足法定人数，出席的股东可将会议延期至固定的时间和地点，但不得处理任何其他事务。

8.投票权。

拥有表决权股份的股东或其代理人有权出席会议并在会议上投票。如果两人或多人共同持有股份，出席股东大会的其中一名股东可在其他人缺席的情况下进行投票。

9.代理。

所有股东均可授权其他自然人作为其代理人在任何会议上代表其投票。所有委托书均应采用书面形式，并由股东签字并注明日期。委托书的有效期不得超过签字之日后的一年或委托书本身规定的更短时间。

10.表决。

除非章程另有规定，董事的选举和股东表决的其他事项的决定应采用无记名投票方式。

11.股东书面决议。

具有投票权的全体股东签署的书面决议与在股东大会上通过的决议具有同样效力。通过书面决议方式处理应当在股东大会上由享有投票权的全体股东表决的事项时，全体股东签署的书面决议应当符合《柬埔寨王国商业企业法》关于公司股东大会的要求。同时，应当将股东会决议副本和股东会议记录一起保存。

12.法院审议。

任何未收到会议书面通知且有合理证据的股东，有权向法院申请拒绝在该会议上作出的任何决定。公司、股东或董事可向法院申请就公司董事或审计师的选举或任命进行裁决。

第四节　公司解散和清算

公司解散是公司生命终结的主要方式之一。在实践中，公司因多种原因需要退出市场。公司解散意味着公司法人主体资格的灭失，公司债权债务的清算。公司法意义上的公司清算是指因发生或出现法律规定或者公司章程规定的事由，或者公司股东形成特别决议，公司依法决定终止其经营，并进行清算的一种状态。

一、公司解散的基本规则

公司解散前的状态和公司的类型将会直接影响公司的解散。未发行任何股份的公司可随时通过公司全部董事作出的决议予以解散。没有剩余财产和负债的公司，可以通过公司股东作出的特别决议解散；发行多种类型股份的公司，无论股东是否有投票权，都可以通过股东作出的特别决议解散。公司应以规定的形式将公司解散决议提交商务部公司管理者。商务部公司管理者在收到公司解散决议后，应出具公司注销证。公司于注销证载明的公司解散之日起丧失其法人主体资格。

二、提出清算和解散

公司董事或者有表决权的股东可以提议公司启动自愿清算和解散程序。拟表决公司自愿清算和解散事项的股东大会通知应当载明公司自愿清算和解散的条款。具有剩余财产或负有债务的公司可以通过全体股东的特别决议予以解散。发行多种类型股份的公司通过每类股份持有人的特别决议予以解散公司时，无论股东是否有投票权，都应遵循如下规则：一是由公司股东通过特别决议或决议，授权董事分配公司剩余财产和清偿公司债务。二是公司在向商务部公司管理者提交公司解散决议前，已完成公司剩余财产分配及清偿公司债务工作。

三、提交公司解散意向声明

在公司清算和解散决议通过后，公司应向商务部公司管理者提交以规定格式制作的公司解散意向声明。商务部公司管理者在收到解散意向声明后，应向该公司出具公司解散意向书。公司收到解散意向书后，除公司清算需要外，公司应停止经营，但其法人主体资格继续保留至商务部公司管理者出具公司解散证明为止。

四、发送公司解散意向通知

收到解散意向书的公司应立即向本公司的每个已知债权人发送公司解散意向通知，且立即在该公司注册地发行的报纸上或者在商务部规定的其他出版物上连续两周发布公司解散意向通知。

五、公司清算

收到解散意向书的公司应当归集其财产，处置不能以实物形式分配给其股东的财产，履行其所有义务，以及采取清算其业务所需的所有其他行为。在发出解散意向通知并完全支付或履行其所有义务后，公司应根据股东各自的权利将其剩余财产以金钱或实物形式分配给股东。

六、接受法院监督

商务部公司管理者或任何利害关系人可在公司清算期间向法院提出申请，要求在法院的监督下继续进行公司清算。申请人应将该申请提交商务部公司管理者，商务部公司管理者有权亲自或委托律师出席并听取意见。

七、公司解散

清算结束后，公司应当依照规定形式制作公司解散决议，并将公司解散书提交商务部公司管理者。商务部公司管理者在收到公司解散决议后，应出具公司注销证。公司于注销证载明的解散之日起灭失。向法院申请破产的公司，应当单独适用《柬埔寨王国商业企业破产法》的相关规定，不适用上述公司解散和破产的规定。

案例：如何在柬埔寨境内设立一家有限公司

一、背景说明

如本章所述，公司是在柬埔寨从事商业经营的主要形式之一，和其他的商业形式比较而言，公司形式在公司融资、公司管理、经营规模以及在公司股东有限责任等方面有比较优势。设立一家公司，不仅涉及实体法方面的权利、义务、责任等内容，而且也涉及一系列的程序问题。一般来说，设立公司应当依照法律规定的程序进行。如果公司发起人没有依法完成公司注册且获得公司法人主体资格，却以公司的名义从事相关的商业活动的，相关责任人有可能构成犯罪，并将依法承担刑事法律责任。

二、公司注册管理机构

公司设立是商业主体市场准入的一项重要内容。公司注册是公司设立中的一项重要的程序性事务。公司在满足法律规定的基本设立条件后，应当将符合条件的相关材料依法定程序向公司管理部门提出注册申请。柬埔寨商务部具体负责管理公司的登记管理工作。公司应在设立前向柬埔寨商务部商业注册局或商务部指定的工商登记处进行注册。在柬埔寨设立分支机构或代表处的公司也应到商务部商业注册局注册。任何投资者在柬埔寨从事投资，如需获得投资优惠，还应首先向柬埔寨发展理事会提交投资申请，获得有条件注册证书后再进行注册。

三、公司设立流程

（一）设立准备

根据《柬埔寨王国商业企业法》的规定，具备行为能力的任何一名或数名自然人或法人均可单独或者共同作为发起人申请设立公司。因此，公司设立准备工作中的核心内容之一是确定公司发起人。在确定公司发起人后，公司发起人可以签订发起人协议（或公司设立协议）。发起人协议（或公司设立协议）可以就发起人数量、种类、公司名称、公司章程、公司资本、股份类别、公司地址、注册办公室、董事人数等内容进行约定。此后，公司发起人应当逐项落实和满足公司设立的条件和内容。

（二）提交申请

公司设立的各项准备工作完成后，拟设立公司的一位董事或股东应当亲自前往柬埔寨商务部公司注册部门填写公司注册登记表，提出申请。公司申请注册时，应当提交的文件包括：公司注册登记表、公司章程（柬埔寨商业注册局可为公司注册者提供公司章程范本）、所提供文件的真实性证明、在指定刊物上发布广告的申请、全部董事或股东的身份证或护照复印件和照片、董事无犯罪记录证明、股权分配决定（如有自然人参与）、公司办公地点以及其他商务部要求的文件。

（三）注册审批

商务部主管部门受理注册申请后，将颁发标有注册号的注册证书。该证书自颁发之日起1个月内为临时证书，在此期间，登记员发现申报材料有误的，可提出异议并吊销注册号。注册审批时间根据具体情况而定，一般为1周。注册费用视公司的形式和规模而定。

（四）注册时效

公司成立的注册证书从注册之日起，有效期3年。企业应在注册证书到期前30天再次申请换发新的证书。若企业延误申请新的证书，则将被视为违法，其原有证书作废，企业必须重新申请注册并缴纳有关费用。

（五）开立银行账户

为了保证公司成立后能够有效开展公司业务，从事资金往来活动，注册的公司应当根据公司自身资金管理的需要，在柬埔寨境内银行开立一个或数个公司不同类别的银行账户。

第三章
劳动用工的智慧

怎样到RCEP成员国投资
柬埔寨篇

中国企业在“走出去”过程中会遭遇诸多困难阻碍，除了传统的政治风险，劳工风险作为对外投资过程中出现的新型风险，也应当引起中国企业的关注。企业在用工时能否避免用工法律风险是企业经营成败的关键因素。柬埔寨与中国的法律制度存在一定差异，对当地劳动法律政策认识不足、对劳动雇员权利保障的忽视、解雇员工理由不正当、随意裁员以及工会的介入都会导致企业处理劳动关系时产生纠纷，从而导致雇员与雇主之间的矛盾爆发。对此，应重视劳资双方关系的处理。法律层面上，加强对当地劳动法律的认识，重点从保障雇员权利的角度出发，制定符合当地法律的雇员管理制度，针对当地信仰等特殊要求，满足雇员的合理需求。在企业内部，应遵循柬埔寨强制性要求，形成与当地法律相符合的劳工标准制度。同时建立完善的用工合规风险防范体系，形成权责清晰的合规治理结构。产生纠纷时，应以多元化手段处理劳资纠纷，遵守法律，善用和解方式，将纠纷消化于企业内部。

第一节　柬埔寨劳动用工概况

随着中柬友好关系的不断发展，中国与柬埔寨的经济合作也愈发紧密。2022年中柬贸易额达160.2亿美元，同比增长17.5%，再创历史新高，中国连续11年成为柬埔寨最大贸易伙伴[①]。1994—2021年，柬埔寨获得的外国直接投资约为410亿美元，其中中国的投资额为180亿美元，占比为43.9%，中国连续多年是柬埔寨最大的投资来源国[②]。2021年中国对柬埔寨直接投资约4.6亿美元，投资产业主要分布在水电站、电网、通信、服务业、纺织业、农业、烟草、医药、能源矿产和产业园区等。截至2021年末，中国对柬埔寨直接投资存量约为69.7亿美元。在劳工合作方面，2021年我国向柬埔寨派出各类劳务人员2470人，其中承包工程项下派出劳务人员2285人，劳务合作项下派出劳务人员185人。2021年末在柬劳务人员5796人[③]。受疫情及柬埔寨对外劳工政策收紧的影响，中国对柬埔寨派出的各类劳务人员数量在个别年份有所下降。但是随着中柬友好关系的不断深化，未来我国与柬埔寨在劳务合作、人员交往等方面的合作将会进一步增加。

---

① 数据来源：中华人民共和国商务部。

② 数据来源：柬埔寨国家银行。

③ 数据来源：中华人民共和国国家统计局。

一、柬埔寨的劳动力市场概况

柬埔寨人口年轻化特点明显，劳动力资源丰富。根据《2021年柬埔寨社会经济调查》，2021年柬埔寨劳动年龄人口约占总人口的65%，其中劳动力人口为906.1万人，超过总人口的一半，劳动力参与率约为84%。柬埔寨劳动力市场较为稳定，就业率高达99%。从就业的途径来看，柬埔寨近半数的劳动力为“雇员”，36%的劳动力选择成为“个体经营者”。从就业的行业来看，柬埔寨劳动力就业多集中于工业、服务业等领域。近年来，受国家政策和经济结构调整的影响，柬埔寨劳动力在农业部门的就业大幅下降，工业和服务业部门的就业逐渐增加，柬埔寨劳动力就业逐渐普遍分布在各部门和各产业。据柬埔寨国家统计局统计，2021年，柬埔寨农业、工业和服务业的就业情况的比例分别为36%、27%和37%；而2009年，这一比例分别为58%、16%和26%。据柬埔寨工业、科学、技术和创新部统计，2020年全国共有工厂1864家，雇佣工人约100万人。但是就业行业也因地区有所不同，主要是农业部门和服务业部门在地区间有较大差异。在柬埔寨的农村地区，超过半数的劳动力进入农业部门就业；但在金边及其周边城市地区则相反，更多的劳动力选择到服务业部门就业，特别是在金边仅有2%的劳动力从事农业部门的工作[①]。

随着柬埔寨加大对教育事业的投入，学校入学率逐步上升，劳动力受教育水平也不断提升。据柬埔寨国家统计局统计，没有或只接受过一些教育的劳动力较少，多数劳动力接受了小学及以上的教育。虽然柬埔寨劳动力逐渐普遍地接受了教育，但学业完成率较低，受教育水平仍不高。年龄在15～44岁的劳动力中，30%的人未完成小学教育，超半数仅完成了小学教育和初中教育[②]。

---

① 数据来源：柬埔寨国家统计局。

② 数据来源：柬埔寨国家统计局。

二、柬埔寨的劳动法律体系概况

柬埔寨法律体系的构建主要受大陆法系的影响，并在法律实践中吸纳了一部分普通法的做法，形成了大陆法系和普通法相互影响的混合法律体系。受历史原因影响，柬埔寨现行的法律制度包含了民盟时期、金边政权时期和1993年王国政府成立以来三个不同历史时期制定的法律法规。柬埔寨的法律渊源包括国内法和国际法，所有国际条约和公约经议会批准并由国王签署和批准后可被视为国内法。柬埔寨实行司法独立原则，法院系统分为初级法院、上诉法院和高级法院三级。从总体上看，柬埔寨的法律体系尚存在较多待完备之处，不同历史时期的法律并没有明确的界限，因此在法律适用、执行过程中会存在混乱的情况。

柬埔寨规制劳动用工方面的法律主要为《柬埔寨王国劳动法》，该法是基于国际劳工公约并与国际劳工组织（ILO）密切协商后起草的，因此该法对劳工权益保护的水平较高、规定较为具体且完备。《柬埔寨王国劳动法》的具体实施主要是通过劳动与职业培训部发布的部长令（Prakas）、条例（Anu-Kret）和通知（Notification）等来进行。柬埔寨在1969年加入国际劳工组织后，陆续签署并批准了八项国际劳工组织的核心劳工公约及其他国际劳工公约，并承诺将在其国内提高劳工权益保护水平。柬埔寨劳动法律体系以《柬埔寨王国劳动法》及其修正案为主要法律，部长令、条例和通知为《柬埔寨王国劳动法》的具体实施细则，其他与劳工相关规定散见于《柬埔寨王国投资法》等相关法律、国际劳工公约等国际条约及国际协定之中。

《柬埔寨王国劳动法》于1997年3月13日颁布实施，此后分别于2007年、2018年及2021年进行了三次修订。《柬埔寨王国劳动法》共有19章396条，对有关集体谈判、就业、终止、强制性雇员福利、安全标准、劳动争议解决等方面作出了明确规定。2007年修正案是关于《柬埔寨王国劳动法》第139条和第144条的修正。第139条是关于紧急加班的加班工资规定。经修正后，因紧急情况需要加班的，在日间或非休息日加班的，加班工资应不低于正常工时工资的150%；若在夜间或休息日加班的，加班工资应不低于正常工时工资的200%。第144条是关于“夜班工作”概念的认定。经修正后，《柬埔寨王国劳动法》中指称的“夜班工作”是指在晚上10点至第二天凌晨5点之间。夜班工作的工资应当按日间工作工资的130%支付。2018年修正案是关于最低工资的规定。该修正案主要规定了对确定最低工资保障水平的程序、机构及其法定职责、处罚等事项。该修正案规定，劳动与职业培训部部长在收到国家最低工资委员会的建议后，可根据经济活动、职业和地区，根据国家的经济和社会条件，确定最低工资适用的范围。国家最低工资委员会应当最少由48名成员组成，这些成员分别代表政府、工人和雇主三方，三方成员的人数占比相等。国家最低工资委员会设主席1人，为劳动与职业培训部部长或其代表；副主席2人，分别为工人和雇主代表。国家最低工资委员会隶属于劳动与职业培训部，其成员由劳动与职业培训部决定。违反该修正案的处罚分为书面处罚和罚款，具体处罚的规则由劳动与职业培训部部长决定。2021年修正案的要点主要集中于轮班制、假期、个人劳动争议以及劳动监察员的权力等方面，具体体现为对《柬埔寨王国劳动法》第138条、第162条、第300条、第343条和第350条等的修订：

第一，修正案允许企业实行三班制的工作时间。《柬埔寨王国劳动法》原第138条规定工作时间为两班制，分为上午和下午两个时段；修正后，各企业可以根据其实际情况实行三班制，工作时间分为早班、中班和晚班。该修正案使公司在设置工作班次时具有更大的灵活性，以确保不间断的运营。柬埔寨劳动与职业培训部部长表示修订第138条是为了提高柬埔寨吸引现代产业的能力，吸引例如“生产电气设备，电子产品和加工食品的工厂”赴柬投资。

第二，修正案可能减少劳动者公共假期的天数。《柬埔寨王国劳动法》原第162条规定，若公共假日在星期日，允许工人或雇员在第二天休息以代替该假期。但2021年修正案删除了该条规定，即可能导致柬埔寨劳动者每年的公共假期天数减少。如果劳动与职业培训部的部长令规定本年度大部分公共假期安排在星期日，那么劳动者本年度的公共假期将减少；若公共假期没有安排在星期日，则劳动者本年度的公共假期将不会受到影响。因此，根据该修正案，劳动者的年度公共假期数量是否减少取决于劳动与职业培训部的部长令。这项修订体现出了柬埔寨政府减少劳动者年度公共假期总数的趋势。据统计，柬埔寨2018年公共假期为27天，而2020年和2021年分别为22天和21天。柬埔寨劳动与职业培训部部长认为，与东南亚地区的其他国家相比，柬埔寨每年的工作时间仍然较少，因为柬埔寨的年假数量仍然高于这些国家，该修正案旨在提高柬埔寨的生产力和竞争力。

第三，修正案将个人劳动争议纳入仲裁委员会的管辖范围。《柬埔寨王国劳动法》原第300条规定，在任何司法行动之前，个人争议可以在一方的倡议下提交劳动监察员进行初步调解。新第300条进一步规定，若劳动监察员调解后争议仍未得到解决，则当事人可以向劳动法庭或仲裁理事会提出上诉。新第300条将仲裁委员会解决个人劳动争议作为法院系统的替代方案。

第四，修正案对劳动监察员的职权范围作出修改。修正案给予劳动监察员作为司法警察的权力，可以根据刑事诉讼法的规定调查《柬埔寨王国劳动法》中的违法行为。

除了《柬埔寨王国劳动法》，柬埔寨劳动用工中的许多具体事宜一般是由部长令、行政法规等其他法律法规加以规定的。例如，2022年9月21日，柬埔寨劳动与职业培训部颁布《关于确定2023年制衣、制鞋和箱包业工人最低工资的部长令》。该部长令规定，2023年制衣、制鞋和箱包业工人的每月最低工资为200美元。2018年9月21日，柬埔寨劳动与职业培训部颁布《关于支付被解散工人补偿的部长令》及《关于工人或雇员工资支付的部长令》。前者规定《柬埔寨王国劳动法》第89条关于被解散工人补偿的规定仅适用于不定期劳动合同的职工，而该令适用于劳动法规定的所有公司、企业及劳动者。对于有固定期限合同的工人或雇员，雇主应当依据集体谈判协议规定的数额向雇员支付遣散费；若未达成集体谈判协议，则该遣散费应至少为合同期间工人/雇员工资的5%。后者规定，自2019年1月起，劳动法规定的企业/机构应当每月向工人或雇员支付工资2次，分别在每月的第二周、第四周支付。第一次为每月净工资的50%，第二次支付剩余净工资以及其他报酬和福利。2017年12月27日，柬埔寨劳动与职业培训部发布第356号通知，为了避免工伤事故，指导企业/机构的所有者和主管，特别是所有纺织、服装和鞋厂/企业严格执行职业健康和安全的有关措施。2016年6月21日，柬埔寨劳动与职业培训部颁布《关于确定医疗保健社会保障计划中慢性病清单的部长令》，规定纳入医疗保障的14种慢性疾病。2016年6月13日，柬埔寨劳动与职业培训部颁布了《关于确定医疗保健计划的缴费标准和缴费形式的部长令》，规定由雇主或企业承担的医疗保健计划的缴费率为工人或雇员月平均工资的1.3%。由工人或雇员承担的医疗保健计划的缴款率为其每月平均工资的1.3%。医疗保健费用应当于下个月的15日前支付。

为了避免外籍员工抢占本地员工的就业机会，柬埔寨实施控制外籍雇员输入的措施，限制外籍雇员的流入，体现这一措施的法律规定有《柬埔寨王国劳动法》《柬埔寨王国投资法》《柬埔寨王国投资法修正法》，以及2002年柬埔寨劳动与职业培训部发布的《关于雇用外国人来柬埔寨就业的申请办法的公告》。柬埔寨劳动与职业培训部于2002年12月成立外国劳工管理委员会，专职负责管理所有在柬埔寨工作的外籍员工。2018年2月19日，柬埔寨劳动与职业培训部颁布《关于加强对柬埔寨王国外国劳动力的检查的部长令》。柬埔寨鼓励企业在雇佣员工时首先考虑本国员工。《柬埔寨王国劳动法》第261条规定当外国人需要延长的工作与本国求职者发生竞争时，柬埔寨劳动主管部门可以吊销该外国人的工作许可证。第263条至第265条规定了律师、法警和公证人等专业人员作为雇主进行招聘时必须优先考虑柬埔寨人，并且规定了相应企业雇佣外国人的最高比例。第

270条规定了外国人成为工会或雇主协会管理层候选人的条件；第372条规定了外国人违反相关规定的处罚措施。《柬埔寨王国投资法》《柬埔寨王国投资法修正法》规定了企业雇佣外国人的严格条件。《柬埔寨王国投资法》第17条和第18条规定，所有在柬埔寨境内从事投资活动的投资者可以自由选择雇佣柬埔寨籍员工或外籍员工。雇佣外籍员工要向柬埔寨发展理事会提交相关身份、学历等文件，必须是在难以找到品行良好、有才能和专门技术的柬埔寨籍员工的条件下才能雇佣外籍员工，同时要给予柬埔寨籍员工经常性的培训，保证雇佣外籍员工不会使柬埔寨籍员工丧失晋升机会。《柬埔寨王国投资法修正法》对《柬埔寨王国投资法》第18条作出了更细致的规定，要求投资人书面阐述雇佣外籍员工的理由，并且保证柬埔寨籍员工可以通过积累资历晋升至高级职务。

第二节　柬埔寨的劳动用工成本

一、雇佣形式及规定

根据柬埔寨法律规定，只要设立企业并雇佣一个及以上工人的自然人或法人都被认为是雇主，为获得报酬而在另一个自然人或法人的指导和管理之下并签订劳务合同的人为工人。根据工作内容的不同，工人可以分为雇员或帮工、劳工、工匠、学徒以及家仆或佣人等。具体而言，雇员或帮工指不需要承担大量体力劳动的工人，劳工主要指从事体力劳动的劳动者，工匠是指主要销售自产或家庭成员生产的产品的手工艺者，学徒是指从雇主处学习职业技能的人，家仆或佣人指照料房东或主人财产的劳动者。根据不同的区分方式，工人还可以划分为固定工和临时工，或者计件工、计时工和获取佣金的工人。柬埔寨规定可以被雇佣的工人最低年龄为12周岁，若工作不危害儿童身心健康、不影响其入学或接受培训的，则可以雇佣12～15岁的儿童从事白天工作；15～18岁的青少年可以从事不危害其健康或安全的工作；18周岁以上的劳动者可以被雇佣从事任何种类的劳动。

雇主决定雇佣工人的，要于雇佣之后的15～30天内向柬埔寨劳动与职业培训部作出雇佣的书面说明，但是雇佣临时工或者实际雇佣时间在一年内不超过三个月的，可以不作出雇佣的说明。若企业不作出书面说明，要被处以31～60天基本工资的罚金。被雇佣的柬埔寨籍员工要持有雇佣卡，雇佣卡经劳动检察官发放，内容包括工人的基本信息、合同期限、工资等事宜。雇主应当在雇佣卡上记录工人雇佣情况、工资情况等，并于雇佣后7天内将雇佣情况报劳动检察官签证，违反的要被处以数额为10～30天基本工资的罚金。

根据柬埔寨法律规定，外籍员工享有与柬埔寨籍员工相同的权利和义务，所受到的行政管理也大致相同，但柬埔寨出于鼓励企业在雇佣员工时首先考虑柬埔寨籍员工、扩大本地劳动力就业等现实需要，对于雇佣外籍员工规定了许多限制条件，这些限制主要体现在雇佣外籍员工的行业、数量以及对外籍员工的管理等方面：

第一，在行业方面，律师、法警和公证人等专业人员作为雇主招聘工作人员时，要优先招聘柬埔寨籍员工，只有在无法招聘到柬埔寨籍员工时，才能招聘外籍员工。

第二，在雇佣人数方面，柬埔寨对外籍员工实行配额制度，企业每年要向劳动与职业培训部申请下一年度的外籍员工配额，外籍员工在柬埔寨企业的员工比例原则上为10%，其中专业人员的比例为6%、办公室人员的比例为3%、非专业人员的比例为1%。在特殊情况下，若企业无法找到能胜任工作的柬埔寨籍员工，可以向劳动与职业培训部申请雇佣超过10%的外籍员工。违反外籍员工比例的企业将被处以数额为61～90天基本工资的罚金。

第三，在雇佣条件方面，雇主要事先获得柬埔寨的合法工作许可证，被雇佣的外国人要持有有效的证件，获得在柬的居住许可证，没有传染性疾病，并获得劳动主管部门颁发的工作许可证和就业证。外国人的工作许可证有效期为一年，在不超过其居住期限内可以申请延期。若外籍员工未持有有效证件、未获得居留许可，或需要申请延期的工作与柬埔寨籍员工冲突的，则劳动主管部门可以吊销其工作许可证。

第四，柬埔寨对外籍劳工的审查也十分严格，柬埔寨劳动与职业培训部下设外籍员工联合检查小组专职负责对企业的外籍员工进行检查，企业应当出具公司章程、配额审批申请及许可、雇佣员工说明、雇佣合同、护照以及签证等证件和文件配合检查。若雇佣未持有许可证的外籍员工，雇主将被处以数额为61～90天基本工资的罚金，或被处以6天至1个月或1～3个月的监禁。

在RCEP框架下，柬埔寨对外国人的临时移动作出了具体承诺，放宽了商务访问者（Business Visitors）、商业机构设立者（Persons Responsible for Setting Up of a Commercial Establishment）以及公司内部流动人员（Intra-Corporate Transferees）三类人员的临时入境规定。商务访问者可以在柬埔寨临时停留90天。为法人在柬埔寨设立商业机构的自然人以及有意向在柬埔寨投资的商业机构设立者不受最长临时停留期限的限制。经理、管理层人员和专家等公司内部流动人员在柬埔寨境内临时停留的许可证期限为2年，期满后可续期，总期限为5年。

二、建立及终止劳动关系的规定

（一）劳动关系的建立

除公职人员、外交人员以及家仆或佣人等外，只要在柬埔寨境内存在的劳动关系，均由《柬埔寨王国劳动法》以及相关法律、行政法规、部长令等法律规范管辖。根据柬埔寨法律规定，雇主与工人之间签订了劳动合同，就代表劳动关系的确立。通常情况下，柬埔寨规定劳动合同可以采用口头形式或书面形式，劳动合同可以按照当地的习惯制定和签署，但是也存在例外情况，例如劳务承包商与企业签订的合同、学徒期合同等劳动合同必须采用书面形式。口头合同是指雇主和工人之间默认的遵从劳动法律规定的协议，双方应当按照劳动法律的规定行使权利和承担义务。雇佣工人后，雇主须于15天内（农业企业可延长为30天内）向劳动与职业培训部作出雇佣说明。劳动合同的内容应当包括工资、工作时间、休息时间、假期等工作条件以及其他必要条款。柬埔寨法律不禁止工人在工作时间之外从事与其工作职责有关、与企业有竞争关系的职业活动，但是雇主可以在劳动合同中约定工人不得在劳动合同期限内从事此类活动。

柬埔寨的劳动合同可以分为固定期限劳动合同和无固定期限劳动合同，固定期限劳动合同是包含确切结束日期的劳动合同。固定期限劳动合同的期限为2年，期满后可以续签，但是续签的期限也不得超过2年，即固定期限劳动合同的最长期限为4年。若期满后双方默认继续从事合同约定的工作的，或者劳动合同的总期限超过4年的，则该合同变为无固定期限劳动合同。固定期限劳动合同必须采用书面形式，若未采用书面形式，则会被认为是无固定期限劳动合同。劳动合同可以约定试用期，试用期的期限为1～3个月不等，具体而言，普通员工的试用期最长为3个月，专业员工的试用期最长为2个月，非专业员工试用期的期限最长为1个月。在试用期内，雇主和工人双方均可以解除劳动合同，且不需要提前通知。在试用期内，若工作地点远离工人居住地的，则雇主要承担工人来回的交通费。

雇主与工人之间可以签订集体劳动协议，集体劳动协议的内容包括规定工人的劳动和雇佣条件、规定雇主和工人之间的关系及各自的义务等。集体劳动协议的一方为雇主、多个雇主或雇主组织的代表，另一方为工人组织的代表。集体劳动协议可以为固定期限合同和无固定期限合同，固定期限合同的期限为3年，若协议到期前3个月合同双方均未通知取消协议的，则该协议继续有效。雇主与工人的劳动合同的具体约定通常与集体劳动协议中的约定是相符合的，但也有可能存在冲突的情况。根据柬埔寨法律规定，若雇主与工人的劳动合同的约定与集体劳动协议相比对工人更为不利的，则相关的约定无效，应以集体劳动协议中的约定为准。

学徒是柬埔寨特殊的用工形式之一，学徒是指企业雇主、工匠或手艺人等作为师傅提供培训，教授他人职业技能，接受培训的人作为学徒为雇主、工匠或手艺人等工作。学徒期合同为规制学徒期以及双方权利义务关系的合同。学徒期合同的期限为2年，必须采用书面形式签订，并于合同实施2周后进行公证。学徒期合同应按照行业惯例，内容包括双方的身份信息、学徒监护人的身份信息、合同期限及培训的行业、学徒报酬、传授学徒的技能范围等其他权利和义务。学徒合同的“师傅”应当为年龄在21岁以上并且作为技术人员在该行业至少工作了2年，若“师傅”在学校或专门的培训中心接受过系统和实践的培训并取得毕业证书的，则相关工作时间可以减为1年以上。“学徒制度”能够在一定程度上提升柬埔寨劳动力的劳动技能水平，为了提高柬埔寨劳动力的职业技能，并扩大就业渠道，柬埔寨法律规定，企业雇佣工人的人数超过60人的，工人中必须有部分为学徒，学徒的人数为其在岗工人数量的十分之一，最多雇佣的学徒的数量由劳动与职业培训部加以规定。企业支付学徒税的，可以放宽对学徒人数的限制。

（二）劳动关系的终止

劳动关系的终止可能因合同到期，也可能因企业大规模裁员。劳动关系解除后，雇主必须于作出解雇决定的15～30天内向劳动与职业培训部作出解雇工人的书面说明，但是雇佣临时工或者实际雇佣时间在1年内不超过3个月的，可以不作出解雇说明。工人可以要求雇主出具雇佣说明，雇佣说明应记载雇佣起始日、结束日、承担的工种等，雇佣说明的内容不应有对工人负面的评价。雇主不得拒绝出具雇佣证明，拒绝出具雇佣证明的雇主将被处以数额为61～90天基本工资的罚金，因拒绝造成损失的，工人可以要求雇主赔偿损失。劳动合同终止后，雇主要于48小时内支付未付的工资以及相应的补偿或赔偿，若超过48小时未支付的，雇主将被处以数额为31～60天基本工资的罚金。柬埔寨对于固定期限劳动合同和无固定期限劳动合同的终止规定了不同的解除程序，具体规定如下：

第一，固定期限劳动合同通常在约定的日期终止，因严重违约、不可抗力等事由，可以在约定的日期前终止劳动合同。经双方协商一致的，也可以提前终止劳动合同，提前终止劳动合同应当达成书面协议，并在劳动检察官在场见证的情况下签署该协议。若双方未协商一致或者不存在严重违约等事由，雇主或工人自行提前终止劳动合同的，则被终止方有权要求赔偿损失。固定期限劳动合同期满前，雇主应提前10～15天通知工人合同到期或合同不可续，雇主未履行通知义务的，合同应按其原始合同期限予以延期，或者变为无固定期限劳动合同。例如，合同期限为6个月至1年的，雇主应于合同到期前10天通知工人合同即将到期或不再续签合同，雇主没有提前通知的，那么该合同到期后将按原始合同期限延期。合同期限超过1年的，雇主应于合同到期前15天通知工人合同将到期或不再续签合同，雇主没有提前通知的，那么该合同到期后将按原始合同期限延期，若合同原期限超过4年，就会转变为无固定期限合同。合同期满，雇主除支付工资和补偿工人未休的年假等外，还要给予工人数额至少为合同期间工人全部工资的5%的解雇费，若集体劳动协议规定了更高数额的解雇费，则以集体劳动协议为准。

第二，无固定期限劳动合同的解除可以随时解除，但是计件工通常不能在未完成所分配的任务之前解除劳动合同。为了防止随时解除劳动合同可能会损害雇主或工人的权益，柬埔寨法律对解除无固定期限劳动合同作了详细的提前通知期限规定，并且解除通知须以书面形式作出。具体而言，若工人工作时间少于6个月的，则最短通知期限为7天；工作时间在6个月至2年的，最短通知期限为15天；工作时间在2～5年、5～10年或10年以上的，最短通知期限分别为1个月、2个月或3个月。若计件工作需要超过1个月才能完成的，计件工的最短通知期限为8天。最短提前通知时间的规定是强制性的，雇主和工人不得通过其他形式的约定改变这一期限。雇主不遵守提前通知期限规定或自行终止劳动合同的，要赔偿通知期间工人应得到的工资和各种福利。但是，在特殊情况下，雇主和工人双方可以免除提前通知的义务。例如，在试用期或实习期间内、合同一方存在严重过错或者出现不可抗力致使一方不能履行义务等情况。雇主一方属于“严重过错”的行为如下：欺诈；拒绝支付工资；经常性迟发工资；无法给计件工足够的工作；无法提供法定的劳动健康和安全措施等。工人一方属于“严重过错”的行为如下：怠工、不遵守合同条款、泄露职业秘密；严重违反纪律、安全和健康规定；恐吓、辱骂、攻击其他工人或雇主；煽动其他工人犯严重过错；在企业进行政治宣传、活动、示威等。在通知期间，劳动合同有效力，雇主和工人双方均应根据合同承担相应的义务。柬埔寨法律规定通知期间工人可以每周外出两天寻找新工作，这些外出的时间仍以工人的工作时间计算，工人能够获得相应的报酬、福利以及补贴。若工人找到新工作，可以在通知期结束前离开企业，但要对雇主进行赔偿。

企业缩小规模或因内部重组等原因要大规模解雇工人的，雇主要按照专业技能最低、资历最浅的顺序裁员。资历应当考虑婚姻状况和子女情况。在裁员2年内，若同一岗位需要重新招聘的，企业应当优先考虑之前被解雇的员工。

柬埔寨重视对工人权益的保护，特别是对女性工人权益的保护，并对女工、工人代表以及工会代表的解雇作出了严格规定：雇主不得在女工产假期间解雇女工，即使提前解雇通知期限的期末在产假期间内，雇主也不得在该期间提出解雇女工，雇主解雇女工只能在女工产假到期后进行。对于工人代表、工人代表候选人或工会代表的解雇，必须在柬埔寨劳工监察官批准后才能进行。劳工监察官接到相关解雇请求时，应当于收到请求后的1个月内作出批准或不批准的决定，若1个月内未作出决定的，则默认为不批准解雇请求，雇主不得解雇该工人代表、工人代表候选人或工会代表。雇主和工人收到决定后不服的，可以在2个月内向劳动与职业培训部申诉，申诉后超过2个月未收到劳动与职业培训部决定的通知的，则默认为不批准解雇请求。

柬埔寨法律充分保障工人的就业自由，原则上，工人在合同期内以及合同期满后可以自由地选择其职业。在合同期内，雇主可以与工人约定在合同期内不得从事与企业有竞争性的职业活动，但不允许雇主与工人约定合同期满后的“竞业禁止”条款，雇主不得限制工人在劳动合同期满后的就业自由。

三、雇主的强制性义务

柬埔寨法律对于雇主规定了许多强制性义务，若雇主未能履行这些义务，就有可能受到罚金、监禁等处罚。第一，雇主要积极宣传《柬埔寨王国劳动法》，并在企业内保留至少1份《柬埔寨王国劳动法》的纸质文件供工人查阅，违反的雇主将被处以数额为10～30天基本工资的罚金。第二，企业开业或关闭要向劳动与职业培训部作出宣布企业开业或关闭的声明，开张声明应于实际开张前以书面形式上报劳动与职业培训部。雇佣工人数量少于8人且不适用机器的规模较小的企业，上报开张说明的期限可以延长至开张后30天内。企业关闭也应当于关闭之后的30日内向劳动与职业培训部作出关闭声明。违反规定不作出说明的企业，将被处以数额为61～90天基本工资的罚金。第三，企业应当记录并保存劳动与职业培训部发布的部长令、劳工检察官的编号和草签等文件，违反的企业将被处以数额为10～30天基本工资的罚金。第四，企业雇佣工人和解聘工人时，都要按照法律规定向劳动与职业培训部作出雇佣或解雇说明，违反的企业将被处以数额为31～60天基本工资的罚金。第五，雇佣8个员工以上的企业，必须建立企业内部规章。规章的制定应当与工人代表协商，并于企业开张3个月内颁布。规章经由劳工检察官批准后生效。内部规章的条款不得抵触法律规定或者减损集体协议规定的工人权利。内部规章应公开，并粘贴于工作场所内。没有内部规章的企业，雇主可以对有不当行为的工人作出警告、训斥、无报酬停工、解雇等处理。违反内部规章规定的企业，被处以数额为10～30天基本工资的罚金。第六，企业应当保存工人的工资账册，工资账册的内容包括工人的信息、所承担的工资等内容。工资账册的页数由劳工监察官编号，保存在企业的出纳部门或总部；工资账册使用完毕后，企业应当保存3年。劳工监察官可以随时要求查阅工资账册。违反工资账册规定的企业，将被处以数额为61～90天基本工资的罚金。

四、柬埔寨对工人权益的保护

（一）工资

工资是指工人因雇佣或服务而获得的报酬。柬埔寨法律规定的“工资”的具体构成包括实际工资或报酬、加班费、佣金、奖励或补贴、利润分红、小费、实物福利、超出法定标准的家庭补贴、假期薪金、因工人伤残支付的费用、女工孕期休假支付的费用等。健康补贴、对于特定行业的家庭补贴、履行费用或其他福利等，不属于工人的“工资”。柬埔寨对工资征收“工资税”，但对工资以外的福利不征税。

工人每年的最低工资标准由劳动与职业培训部发布部长令加以确定，根据柬埔寨劳动与职业培训部2022年9月21日发布的部长令，自2023年1月1日起，柬埔寨纺织、服装、鞋类和箱包制作行业的工人的最低薪资为200美元。虽然其他行业没有具体规定最低工资标准，但是纺织、服装、鞋类和箱包制作行业的工人的最低薪资普遍作为柬埔寨整个国家的最低工资标准。柬埔寨注重对工人工资的保障，法律对工资支付的方式、时间和地点等都作出了规定。拒绝支付工资或者经常性迟发工资等行为属于雇主存在“严重过错”的情形，工人可以在未提前通知的情况下解除无固定期限劳动合同，雇主不得要求工人赔偿因此造成的损失。工资应以纸币或硬币形式直接支付给工人本人，工人同意以其他方式支付的除外。劳工的工资每月至少支付2次，支付工资的间隔最长为16天；雇员的工资每月至少支付1次；销售代理或商业代表的佣金至少每3个月支付一次。

（二）工作时间及假期

柬埔寨法律规定，工人每天的工作时间不得超过8小时，或者每周不超过48小时。当因不可抗力、天气、节假日或其他原因导致工作时长减少时，劳动与职业培训部可以发布部长令批准延长每日工作时间。企业可以根据生产需要自定工作时间，根据2021年劳动法修正案的规定，企业可以在法定的最长工作时间内实行三班制，将工作时间分为早班、中班和晚班，每班工作时间分为两段。“夜班工作”指自晚上10点至次日凌晨5

点这一时间内的工作，夜班工作的工资为日间工作工资的1.3倍。加班仅限于紧急和例外事项，且必须是工人自愿。在日间或非休息日加班的，加班工资至少为正常工时工资的1.5倍；在夜间或休息日加班的，加班工资至少为正常工时工资的2倍。加班时间最长为2个小时，每日最长工作时间不得超过10个小时，超时加班的，企业将被处以数额为31～60天基本工资的罚金。

工人每周休息时间应至少为连续不断的24小时，企业不得安排同一工人每周工作6天以上。原则上，每周星期天全天应为工人的休息时间，但是当所有职工在星期天休息会损害公众利益或企业的正常运作时，可以安排员工在星期天以外的其他一天休息。

柬埔寨工人每年可以享受的带薪假期包括每周的休息时间、公共假日、年假、因工人个人原因的特别休假以及病假、产假等，这些假期内雇主要照常支付工人的工资，除了特别休假，其他假期计算在工人的资历内。有关假期的具体规定如下：

第一，每年的公共假日由劳动与职业培训部发布部长令规定，公共假日为带薪假日。因为公共假日而减少的工作时间，可以由劳动与职业培训部批准补回，补回后的每日工作时间最长不得超过10个小时。

第二，工人在工作满一年后可以休年假，年假按照工作月份计算，每工作1个月就有1天半的带薪年假，工作每满3年增加一天年假。根据年假计算方式，工作满一年的工人每年有18天年假。工作不满一年的，在离职时按照工作时间计算带薪年休假的补偿。工人未休年假的，雇主要支付工人休假补助，休假补助的金额为其前12个月的平均工资、奖金、福利和补偿。员工通常在柬埔寨新年期间休年假。

第三，特别休假是指若工人直系亲属发生任何直接影响工人的事件，雇主可以给予工人在该事件期间休假，例如婚假、丧假等。企业通常都会批准特别休假申请。特别休假最多为7天，若工人未休完本年度的年假的，雇主可以从工人本年度的年假中扣减该特别休假。因特别休假而减少的工作时间可以补回，补回后的每日工作时间最长不得超过10个小时，每周不超过54小时。

第四，女工有权享受产假，产假的期限为90天。雇主不得在女工产假期间解雇或者提前通知解雇女工。对于在企业工作1年以上的女工休产假的，雇主在其产假期间要支付其50%的工资和其他额外福利。对于哺乳1岁以内婴儿的女工，企业应当给予其每天1小时的哺乳假。

第五，工人的病假超过6个月的，企业可以解除劳动合同。病假不超过1个月，企业支付全额工资；第2、第3个月，支付60%的工资；从第4个月起，可不支付工资。

（三）童工和女工

柬埔寨重视对童工权益的保护，对于雇佣童工制定了严格的规定和处罚措施，违反雇佣童工的法律规定的企业将被处以31～60天基本工资的罚金。柬埔寨法律规定小于15岁的童工不得从事夜班工作和危及其健康的工作，若工作不危害儿童身心健康、不影响其入学或接受培训的，可以雇佣12～15岁的儿童从事白天工作。小于18岁的童工不得从事夜间工作，也不得从事危险工作或过于艰辛的工作，不得在地下采矿厂或采石场工作，15～18岁的青少年可以从事不危害其健康或安全的工作。劳工监察官负责监督企业雇佣童工的情况，企业每年要将其雇佣的童工的信息上报劳工监察官。劳工监察官可以组织相关人员对小于18岁的童工进行身体检查，确保其工作没有超出身体能力。雇佣小于18岁的儿童或青少年要得到其监护人的同意。

柬埔寨对于女工劳动权益的保护主要体现在女工的生产及哺乳等方面。怀孕的女工有权享有90天的产假，在企业工作满1年的女工在其产假期间有权获得50%的工资和其他额外福利。哺乳1岁以内婴儿的女工有权获得每天1小时的哺乳假。雇佣100名女工以上的企业，应当在企业内或附近设立哺乳室和日间托儿所；若雇主不能在企业内或附近设立托儿所的，应当承担女工子女进入托儿所的费用。

（四）工作条件

除了上述对所有工人适用的工资、工作时间和假期的法律规定，以及对童工和女工适用的法律规定外，柬埔寨还对农业工人和使用机械设备工作的工人作了特殊的工作时间、工资支付、福利、住房等规定，在这些行业展开经营活动的企业要按照法律规定完善其工作条件，违反这些规定的企业将被处以罚金。

1.农业工人的工作条件。

农业工人是指从事种植业、农场（种植庄稼和饲养动物）、森林开发、渔业等工作种类的工人。农业工人除适用对所有工人适用的一般规定外，还适用根据其产业特点而特殊规定的工作条件。柬埔寨法律特别规定了在种植园内从事种植业的工人应当获得的特殊工作福利。种植业是指为经济目的，主要从事耕种或生产咖啡、茶、甘蔗、橡胶、香蕉、椰子、花生、烟草、柑橘类水果、油棕榈、金鸡纳、菠萝、胡椒、棉花、黄麻和其他经济作物的所有农业业务。种植业工人的工作时间可以延长至每天9小时，但每周也不得超过48小时，工作时间不包括通勤时间。需要加班的，加班费的计算按照通常规定，日间或非休息日的加班费为正常工资的1.5倍，夜间或休息日的加班费为正常工时工资的2倍。每日最长加班时间不得超过2小时。种植业工人的工资可以部分采用大米等实物支付，每个带薪工作日的工资可以折算为900克生大米。以实物支付的工资以及福利也要记录在工资账册上。种植业雇主也要给工人的妻子或子女提供家庭福利，工人自雇佣之日起享受家庭福利。若工人的妻子未被雇佣的，雇主每日要给她分配800克大米；对于工人需要抚养的孩子，根据其年龄分配大米，对于2岁以下的孩子，每日应分配200克大米，对于2～6岁、6～10岁、10～16岁的儿童，每日应分别分配400克、600克和750克的大米。通常情况下16岁以下的子女才能获得雇主分配的大米，但是年龄在18～21岁的正在接受教育或者当学徒工的孩子，也可以每日获得雇主分配的750克大米。

雇主要给工人提供免费住房，住房的居住面积至少为24平方米，每间住房居住的工人不得超过4人。雇主应当给已婚工人提供单独住房，已婚工人可以与其妻子及子女同住。如果企业无法为工人提供住房的，应当每月支付相应的住房津贴。企业要保证工人的生活用品、生活用水、卫生间、垃圾池等用品和设施，满足工人的日常需求。如果种植园雇佣了100名以上全职工人，雇主要在住房附近建造日间托儿所或者学校，供工人的子女就读。日间托儿所和学校的建造费用由企业负担，教师工资、课桌和教材等费用也由企业支付。

2.工业工人的工作条件。

柬埔寨法律针对适用锅炉、机械或电动机进行工作的企业，特别作了严格的有关卫生、工作条件和安全条件的法律规定，并且制定了详细的检查程序，违反这些特殊工作条件的企业将被处以数额为30～120天基本工资的罚金，严重的将被处以数额为120～360天基本工资的罚金和被处以1～5年的监禁，或者罚金或监禁择一处罚。企业要经常对工具设备、机械、传动装置等进行安装和维护，对机械设备进行妥善管理以确保工人的安全。企业的工作条件和卫生条件受到劳动监察员监督，劳动监察员发现企业有违规行为的，可以责令企业改正。企业要负担工人的基本医疗保障，企业要有医疗团队负责治疗，并且要检测工人的健康状况。雇佣50名以上工人的企业，要在其工作场所附近设立医务室，建造和运营医务室的费用由企业负担。

（五）工伤事故

柬埔寨法律规定，只要因工作发生，或者在工作时间发生的事故均为工伤事故。另外，工人在通勤中发生的事故以及法律规定的所有职业病也应视为工伤事故。企业对所有工伤事故负责，工人遭受工伤事故并暂时丧失工作能力4天以上的，企业应当给予赔偿；暂时丧失工作能力不超过4天的，企业无须承担工伤赔偿责任，只需给工人支付正常工资。企业要于事故发生后5天内支付赔偿金。如果工人死亡或终身丧失劳动能力的，赔偿应以年金的方式支付。

（六）工会权利及工人代表的规定

柬埔寨保障雇主和工人充分行使其工会自由，对于侵犯工会自由的行为设立了严厉的处罚措施，侵犯工会权利的可能被处以数额为61～90天基本工资的罚金以及6～30天的监禁。雇主和工人可以自由组建专门组织，组织的成立无须事先批准，组织成立后要将其章程、管理规定和负责人名单交劳动与职业培训部备案登记，并将副本交到组织所在地的劳动监察局、内阁办公厅、司法部和内政部进行备案。工会和雇主协会的领导者和负责人需满足年龄在25岁以上、能读写柬埔寨语、未受过刑事处罚以及从事该行业1年以上等条件；针对外国人，还要求具有柬埔寨永久居留权以及在柬埔寨连续工作2年以上。工会和雇主协会均有权自由地选举其代表和制定工作计划，所有工人和雇主均有权自由地选择加入工会和雇主协会，雇主不得作出任何干涉工会自由的行为。雇主不得随意解雇工会代表，解雇工会代表的，需要经劳工检察官批准后才能解雇，劳工检察官1个月内没有作出决定的，视为不同意解雇，雇主不得解雇该工会代表或前代表，如果雇主解雇的，要被处以数额为61～90天基本工资的罚金和被处以6～30天的监禁，或者罚金和监禁择一处罚。

雇佣8个以上工人的企业，至少要有1位工人代表。雇主负有组织工人代表选举的责任，在没有工人代表时，企业要负责组织选举，企业不组织选举的，将被处以罚金。工人代表候选人应当在18岁以上且在该企业工作3个月以上，外国人也可以成为工人代表候选人。工人代表的任期为2年，可以连任。雇主解雇工人代表的自由受到限制，解雇工人代表、工人代表候选人以及未当选的候选人，或者任期结束不超过3个月的工人代表的，需要经劳工检察官批准。

（七）劳动争议

柬埔寨劳动法律将劳动争议分为个体劳动争议和集体劳动争议，并对其作出了不同的争议解决程序。个体劳动争议发生在雇主与一个或多个工人或学徒之间，主要涉及因个人事项、劳动合同、集体协议以及对法律法规的解释或履行而产生的争议。集体劳动争议是指雇主与工人之间产生的关于工作条件、工会权利以及雇主和工人关系的争议。个体劳动争议要先在劳工检察官的主持下进行调解，调解不成的，雇主和工人双方应当在调解听证会后的2个月内向劳动法庭或仲裁理事会提出上诉。

由于集体劳动争议通常关系工人的劳工权益和工会自由，此类争议具有较大的影响力，会影响企业的经营或者引起社会舆论。因此对于集体劳动争议的解决，柬埔寨法律规定必须首先经过充分的调解，只有在经过所有必要的程序后仍无法达成调解的，才能将该争议移交仲裁委员会，仲裁委员会的成员也要按照法律规定选出。处理集体劳动争议的仲裁委员会权力较大，能够进入企业调查情况、要求各方出具调查所需的文件和提供信息，并且还能调查工人的社会状况。集体劳动争议要先按照集体劳动协议的规定解决，如果集体劳动协议没有作出规定的，那么当事人要向劳工检察官传达这一争议。劳动与职业培训部部长在得知争议后48小时内指派调解员进行调解，调解应于15天内进行。调解期间，争议各方必须参加所有调解会议并且不得引起冲突，如果无正当理由缺席的，将被处以罚金。调解失败的，调解员须记录和说明导致调解失败的问题，并将该报告于调解结束后48小时内上报劳动与职业培训部长，劳动与职业培训部将于收到调解员报告后3天内将案件移送仲裁委员会，仲裁委员会在收到案件3天内开会调查该争议。仲裁委员会的成员一般由司法行政官员、劳工顾问委员会成员、在当地有一定影响力的社会知名人物组成。调解报告是仲裁委员会调查的基础，仲裁委员会可以要求各方提供任何其需要的信息和文件。仲裁委员会要于收到案件之日起15天内作出裁决，裁决要向劳动与职业培训部部长通告，由劳动与职业培训部部长将该裁决通知各方当事人，当事人在收到裁决通知之日起8天内可以提起申诉。裁决生效后为最终决定，并立即执行，当事人不得再对裁决提起上诉。

（八）罢工

罢工是指一群工人一致停止劳动，其目的在于从雇主那里获得满足其要求的工作条件。如果雇主同意其要求的，工人就会结束停工，继续工作。柬埔寨法律保障工人的罢工和停工的权利，但是罢工也受到诸多条件的限制。罢工必须有前提条件，即只能在已经尝试过所有与雇主和平解决争议的方法后才能进行。罢工必须遵守法律规定的程序，并且应当采取和平方式罢工，不遵守法律规定或者非和平的罢工是非法罢工，非法罢工属于“严重过错”行为，雇主可以将非法罢工的工人解雇。罢工要进行事前通知，罢工工人要至少于罢工前7天内通知雇主和劳动与职业培训部，告知罢工的具体原因以及要求，并且，工人在罢工期间要提供最低服务或者必要的服务，如果工人完全罢工，不与雇主协商提供最低服务的，则属于“严重过错”行为。罢工期间暂停劳动合同，雇主不支付罢工期间的工资和工作津贴。工人享有罢工自由和不罢工的自由，雇主和工人均不能强迫或者禁止工人参加罢工。

第三节　中国企业防范劳动法律纠纷对策

一、加强对柬埔寨当地法律的了解

由于历史原因，柬埔寨的法律体系还不太健全和完善，在具体执行法律的过程中存在混乱的情况，其劳动法律制度完全参照发达国家的劳动标准制定，要求较为严格，且与我国劳动法律存在诸多差异，因此中国企业应当加强对柬埔寨法律的了解。1997年颁布的《柬埔寨王国劳动法》是柬埔寨劳动用工方面的主要法律，其共有19章396条，涉及劳动用工的各方面的法律规定。柬埔寨劳动法对劳动关系的认定较为宽松，只要雇佣一名或一名以上工人的任一企业或公司，均属于劳动法意义上的“雇主”。柬埔寨劳动法将劳动者分为雇员或帮工、劳工、工匠、学徒以及家仆或佣人等。“工匠”和“学徒”是柬埔寨的一种特殊的雇佣类型，工匠有少量工人或学徒帮助，《柬埔寨王国劳动法》第三章具体规定了学徒期合同的性质、形式、条款及终止方式，师傅和学徒的责任，学徒期的监管等。针对雇佣外籍员工，柬埔寨劳动与职业培训部在2002年1月发布的《关于雇用外国人来柬埔寨就业的申请办法的公告》中作出了相关规定。此外，涉及劳动用工方面的法律法规还有《柬埔寨王国投资法》《柬埔寨王国投资法修正法》《关于特别经济区设立和管理的第148号法令》等。具体来说，中国企业可以通过以下几种方式了解柬埔寨劳动法律：

第一，企业在进入柬埔寨市场前应进行尽职调查，对柬埔寨法律体系有一个宏观了解，摸清有关劳动合同、员工报酬、工会组织、争议解决等劳动问题的法律规定，并对其进行风险分析。此阶段企业可以利用中国政府编制的材料，如中华人民共和国商务部发布的《对外投资合作国别（地区）指南》、国家发展和改革委员会编制的《一带一路国外投资指南》等文本作为参考；企业还可以关注中国驻柬埔寨大使馆网站发布的相关公告，及时了解柬埔寨的政策法规。

第二，在柬埔寨经营的中国企业组建管理层时可以任用熟悉当地法律的本地人，或是与当地精通劳动法律的律师事务所合作，聘请其作为企业法律顾问，保证企业合法用工。

第三，企业应对内部管理人员进行培训，让管理人员定期学习柬埔寨法律知识。

除此之外，宗教在柬埔寨的政治、社会和日常生活中占有十分重要的地位。柬埔寨宪法将佛教确定为国教。在柬埔寨经营的中国企业应当了解当地的宗教信仰及其风俗习惯，避免因宗教问题引发劳资纠纷。

二、建立完善的用工合规风险防范体系

合规经营是中国企业在柬埔寨实现长久经营的重要条件，因此在企业内部建立合规管理结构，完善用工合规风险防范体系，有利于企业规避用工法律风险。建立用工合规风险防范体系首先需要在企业构建合规管理框架。企业可以从三方面进行合规管理架构的构建。首先，需要建立权责清晰的合规治理结构，在决策、管理、执行三个层级上明确划分合规管理责任。其次，根据具体需求设立相应的合规管理机构，由该机构负责制定企业合规战略、开展人事部门合规培训、识别评估企业相关合规风险等工作。最后，应当建立合规管理部门与其他业务部门的合作交流机制，如合规管理部门与人事部门合作，共同制定用工合规指引，保证人事部门的员

工管理合法依规。在形成一个完整的企业合规管理架构后，应当着手建立用工合规风险防范体系。企业可以从用工法律风险识别、用工法律风险评估、用工法律风险处置三方面进行构建。在用工法律风险识别方面：企业在内部可以要求合规管理部门加强对柬埔寨劳动法律、风俗禁忌等方面的资料搜集以及考察调研，形成企业用工法律风险指引，并派发给各部门参考使用。通过咨询、考核甚至内部查处等方式在企业内部自查自纠，识别企业可能存在的用工法律风险。企业在外部可以聘请当地律师事务所作为法律顾问，通过梳理劳动法律纠纷案例等方式动态掌握柬埔寨法律环境的变化，以便及时采取应对措施。在用工法律风险评估方面，合规管理部门可参考过往发生的劳动纠纷事件，分析其中违规的原因，并对未来可能造成用工违规的不合理规章、制度进行风险评估。在评估后形成报告提交决策部门、管理部门以及人事部门参考使用。在用工法律风险处置方面，企业应建立劳动纠纷预先协调部门，通过协商的方式避免劳动纠纷最终走向诉讼这一步。另外，企业还应有问责制度，对于因高层管理人员或是决策层管理不当导致劳动纠纷的，应对其进行问责处罚。企业也可与外部的政府监管机构合作，保持良好的沟通渠道，避免用工法律风险的进一步扩大。

三、多元化手段处理劳资纠纷问题

中国企业在与雇员存在纠纷时并不一定要通过诉讼方式解决，可以采用多元化的方法在内部处理劳资纠纷，通过事先预防与事后和解共同消除潜在的诉讼纠纷风险。在事先预防方面，应当注重构建良好的劳资双方关系。柬埔寨法律规定，工人或雇主组建专业组织不需预先核准，工会作为雇员群体的代表，在调整雇主与雇员关系的过程中起着至关重要的作用，因此雇主若想与雇员长期保持良好关系，就必须做好与工会的沟通工作。柬埔寨法律不允许组建雇主与工人同为会员的行业工会或协会，因此企业管理人员应与工会负责人或是行政人员保持定期联系，倾听雇员心声，在劳资纠纷初冒头时便及时化解。而在发生劳资纠纷后，为快速、和平地解决劳资纠纷，企业可以在内部建立劳资纠纷申诉程序。如此一来，雇主与雇员之间的矛盾便能在企业内部消化，避免了将劳资纠纷提交至劳工法庭甚至高等法院，防止双方矛盾进一步激化，不仅能够维持劳资双方的和谐关系，亦能减少对簿公堂的时间成本以及诉讼成本。

案例：罢工事件带来的用工风险

柬埔寨发生工人罢工事件较为频繁，根据柬埔寨制衣厂商的统计，2012年前，柬埔寨罢工事件虽时多时少，但大部分年度均低于100起；2012年以后，柬埔寨制衣制鞋行业的罢工形势日趋严峻，每年均发生100起以上的罢工事件[①]。2021年，柬埔寨仲裁委员会共接到44起仲裁与调解案件，其中2起涉及罢工事件[②]。根据柬埔寨法律规定，罢工案件发生后首先要经过劳动与职业培训部调解，只有在经过所有必要的程序后仍无法达成调解的情况下，才会将案件移交到柬埔寨仲裁委员会。也就是说在现实中发生的罢工案件的数量还会更多，许多案件往往是企业在政府介入后协商解决，或者属于非法罢工。

每当发生了罢工、游行、抗议的新闻，社会舆论都会对这些新闻投以大量关注，工厂往往也会在工会或者政府的压力下出面协商或解决。柬埔寨法律保障工人罢工和停工的权利，法律虽然规定了严格的罢工程序，例如罢工必须提前7日内发出通知，并向企业和劳动主管部门备案，且必须

---

① 数据来源：柬埔寨制衣厂商协会。

② 数据来源：柬埔寨仲裁委员会。

采用和平的方式。但在实践中，参加罢工的工人人数多、规模大且持续时间长，工人罢工不仅影响工厂的正常生产经营，而且常常会受到政府机构以及工会组织的介入。

劳动力成本低廉是吸引投资者到柬埔寨投资的原因之一，柬埔寨的法律对于工资、假期等方面的规定较为细致和具体，对劳动者的保护力度很大，投资者要充分了解柬埔寨劳动法律的相关规定，并且注意防范实践中可能出现的各种劳工方面的风险。

第四章
外汇管理的技能

怎样到RCEP成员国投资

柬埔寨篇

外汇管理是指政府和中央银行在管理国家货币汇率、外汇市场和外汇储备等方面所采取的一系列政策和措施。在全球化的背景下，外汇管理对于国家和世界经济的发展具有重要的意义，其稳定性直接关系到国际贸易的顺利进行和货币政策的实施。中国在进行海外投资时，外汇的管理和使用是一个不可避免的重要问题，因此了解本国和他国的外汇管理制度是非常切实且必要的。中国企业赴柬埔寨投资，不仅需要了解柬埔寨有关外汇管理的法律法规和监管政策，还应了解涉及外汇方面的具体实操问题。除了了解外汇相关法规和政策，还需注意的是，近年来中国与东盟国家在双边货币互换、金融股票市场合作方面也取得了显著成效，中柬经贸合作也进一步加深。在此背景下，了解中国及柬埔寨的外汇管理制度将有利于中国企业赴柬埔寨进行投资，有利于中柬双边投资和贸易。

第一节　中国外汇管理基本制度及流程

一、中国外汇管理基本制度

外汇管理，又称外汇管制，是指一个国家为保持本国国际收支平衡，对外汇买卖、借贷、转让、收支、国际清偿、外汇汇率和外汇市场实行一定的限制措施。其目的在于控制本国货币的供求和汇率波动，以确保国际收支平衡。外汇管理通常由各国央行或财政部门等政府机构负责实施，并根据国家经济发展的需要、市场状况和国际形势等因素进行相应的调整和改革。中国过去主要依靠一些单项的规范性文件进行外汇管理，缺乏系统性和完善性。随着国家对外开放程度的加深和国际经济形势的变化，外汇管理逐步成为一个重要的领域。为了更好地规范外汇管理，中国制定了一系列法律法规，逐步形成了一个以《中华人民共和国外汇管理条例》为主的外汇管理法律体系，包括其他外汇管理行政法规、部门规章和其他规范性文件。加强外汇管理，稳定金融市场，促进国民经济稳健发展，为中国经济增长和金融稳定发挥了正面作用。

中国针对外汇管理方面的法规，根据法律效力的不同，可以划分为三个层级。首先是行政法规，例如《中华人民共和国外汇管理条例》是中国外汇管理领域最高层次的行政法规，具有统领性。其次是部门规章，包括各项业务管理规定、办法等，例如《境内外汇账户管理规定》和《个人外汇管理办法》等。最后是其他规范性文件，主要是同外汇行政法规和部门规章相配套的文件，一般包括局发文、综合司发文、局批复（复函）和综合司批复（复函），以及各业务司的发文、批复（复函）等。例如《国家外汇管理局综合司关于清理整合部分外汇账户的通知》和《国家外汇管理局关于对公外汇账户业务涉及有关外汇管理政策问题的批复》等。根据《中华人民共和国外汇管理条例》，中国的外汇管理体系主要包括总则（包括外汇管理部门及其分支机构、申报制度、外汇管理的原则等）、经常项目外汇管理、资本项目外汇管理、金融机构外汇业务管理、人民币汇率和外汇市场管理。

根据中国外汇管理法规的规定，中国外汇管理的主体主要为中国人民银行、中国外汇交易中心以及国家外汇管理局。中国人民银行是国务院组成部门，主要进行总体监管；中国外汇交易中心是中国人民银行直属事业单位，主要负责汇率检测并提供银行间外汇交易市场；国家外汇管理局为国务院直属单位，由中国人民银行归口管理，主要负责具体外汇事务管理，如起草与外汇储备和外汇有关的政策和法规，监督和检查外汇交易，管理中国的外汇、黄金储备和外汇资产。

经常项目是指一个国家或地区在对外交往中经常发生的交易项目，贸易收支、服务结算、收益和常规转移是其主要包含的项目，其中贸易和服务收支是最主要的项目。中国在改革开放后对经常项目的外汇和交易实行专门的管理。经常项目外汇管理方面的法律制度以《经常项目外汇业务指引》为总领，以货物贸易外汇管理、服务贸易外汇管理和个人外汇管理三个方面分别的法律制度为重要组成部分，构成经常项目外汇管理制度的法律体系。货物贸易外汇管理制度的核心内容是总量核查、动态监测和分类管理，主要以《货物贸易外汇管理指引》作为指导和法律依据；服务贸易外汇管理制度的核心内容是交易单证的审查，其主要以国家外汇管理局发布的《服务贸易外汇管理指引》作为指导和法律依据；个人外汇收支管理侧重于个人正当合理的用汇需求，经常项目可兑换原则是个人外汇收支管理制度的总体原则。

资本项目外汇管理可以避免国际收支危机，稳定汇率，其主要包括直接投资项外汇管理和间接投资项外汇管理。《中华人民共和国外汇管理条例》对资本项目外汇收支管理赋予了一般规定，主要对资本项目外汇收入、外汇支出、外汇及结汇资金的使用作出了规定。除了《中华人民共和国外汇管理条例》，资本项目外汇管理还根据《境内机构境外直接投资外汇管理规定》《资本项目外汇业务指引》等调整。近年来，中国不断优化境外直接投资外汇管理，适应境外投资新形势，调整对外投资和外资渠道，构建资本项目投资便利化新形势。

二、外汇业务操作基本流程

外汇业务主要包括经常项目外汇管理和资本项目外汇业务管理。经常项目外汇收支操作基本流程主要包括货物贸易外汇和服务贸易外汇，资本项目外汇业务管理主要包括资本转移、直接投资、证券投资、衍生产品及贷款等相关业务操作。为了进一步推进贸易投资，除了明确外汇业务操作流程，对贸易的监管了解也甚为重要。本书将以服务贸易为例，结合服务贸易特点，对服务贸易外汇业务监管作出说明。

为促进货物贸易投资，国家对具有真实、合法交易基础的货物贸易外汇支付不予以限制，仅对贸易外汇资金流动的真实性及其与货物进出口的一致性实施监督管理。《货物贸易外汇管理指引》是国家针对货物贸易外汇改革出台的文件，也是货物贸易外汇需要遵循的指导指南。企业在进行货物贸易外汇收支时，须先取得对外贸易经营权，再凭借相关材料向国家外汇管理局及其分支机构办理名录登记手续。国家外汇管理局实行“贸易外汇收支企业名录”登记管理，向金融机构发布统一的名录，只有在名录中的企业才能直接办理贸易外汇收支业务。企业在办理贸易外汇收支时，须按照“谁出口谁收汇、谁进口谁付汇”的原则，凭相关交易单证在金融机构办理贸易外汇收支，并按规定进行贸易外汇收支信息申报。

随着服务贸易外汇收支规模不断增大，对于外汇局和银行而言，服务贸易外汇业务的监管和业务凭证的审核至关重要。

《服务贸易外汇管理指引实施细则》（以下简称《细则》）对服务贸易、收益和经常转移等经常项目外汇收支作出规定。根据《细则》，金融机构在办理服务贸易外汇收支业务时，须按照国家外汇管理规定对交易单证进行审查，核实其的真实性和其与外汇收支的一致性，确保所列交易主体、金额和性质等要素与其申请办理的外汇收支相符。因此，境内机构和个人在办理服务贸易外汇收支时，应提交能够证明交易真实合法的交易单证，若申请的外汇收支与交易单证不一致或无法证明交易真实合法，应补充其他交易单证。服务贸易外汇收支所需的交易单证应符合国家法律法规和通行商业惯例的要求，主要包括：（1）含有交易标的、主体等要素的合同（协议）；（2）发票（支付通知）或列明交易标的、主体、金额等要素的结算清单（支付清单）；（3）其他能证明交易真实合法的交易单证。境内机构和个人在办理服务贸易外汇收支业务时，金融机构应按规定期限留存审查后的交易单证作为备查，境内机构和个人也应按规定期限留存相关交易单证备查。

第二节　柬埔寨外汇管理基本制度及政策

一、柬埔寨基本外汇制度

柬埔寨外汇管理部门是其国家银行（National Bank Of Cambodia），负责执行汇率政策，对外汇储备进行管理。柬埔寨的官方货币为瑞尔（riel，简称KHR），但美元在柬埔寨广泛流通，并且是多数大宗交易的主要使用货币。柬埔寨政府在过去几年已采取了大量措施推动本国货币瑞尔的普遍使用，但柬埔寨经济在很大程度上仍然是美元化的。

根据柬埔寨国家银行的立法层面，柬埔寨管理外汇的法律和法规主要如下：

1996年出台的《柬埔寨王国国家银行组织和行为法》对柬埔寨国家银行的组织和行为了详细规定。其原则是确定和指导旨在维持价格稳定的货币政策，以便在柬埔寨经济和金融政策框架内促进经济发展。该法的主要内容包括柬埔寨国家银行的一般准则、基本运作和责任承担，中央银行的自治与管理，外汇协议的管理和政策等。

1997年出台的《柬埔寨王国外汇法》。一般来说，任何外汇业务，以及任何居民与非居民之间进行的业务，在涉及商业交易、转移或资本流动（包括投资）的付款时，均受该法律的约束。该法主要规定了柬埔寨外汇的基本制度，包括外汇的定义和种类，外汇的一般准则，基础外汇操作，有关投资的资本流动的规定、处罚等。

2005年出台的《柬埔寨王国流通票据和支付交易法》。该法规定了在柬埔寨进行流通票据和支付交易时应当遵循的一般准则和相关规定，主要包括进行流通票据的基本流程、进行支付交易和资金流动应当的规定等。

2007年出台的《柬埔寨王国反洗钱与反恐怖融资法》。制定该法的目的是打击洗钱和资助恐怖主义。该法规定了规制的主体范围，包括银行、非银行金融机构、小型信贷金融机构，也包括需要对相应主体规制的行为范围，以及打击洗钱和资助恐怖主义的具体措施。

Prakas & Circulars 普拉卡斯和通告。柬埔寨出台了一系列由柬埔寨政府的组成部门制定并颁布的法律文件，类似于中国的“部门规章”。主要分为：适用会计和报告的条例，适用于商业银行和专门银行的监管审慎条例，适用于银行和金融机构的条例审慎法规、会计规则和信用信息。其中有关于外汇的条例主要有：2000年2月17日出台的《普拉卡斯论外汇交易的会计程序》，2007年8月27日出台的《关于监测银行和金融机构外币净未平仓头寸的普拉卡斯》，普拉卡斯有关于付款、结算和转账的一系列条例等。

2021年10月15日出台的《柬埔寨王国投资法》。柬埔寨继2003年修订投资法之后，颁布了新的投资法，简称为新《投资法》。该法管辖该国的国内和外国投资。该法通过实现当地工业现代化和保护投资者的权利来提高该国对外国投资者的吸引力。新法律提供了多种激励措施，例如所得税豁免和关税激励措施。

柬埔寨实行自由外汇制度，不采取外汇管制。外汇由柬埔寨国家银行的中央银行理事会控制。国家银行可以在外汇危机发生时进行干预，并对外汇活动设置临时限制。《柬埔寨王国外汇法》允许通过银行系统购买外币。通过分类账目的外汇操作不受限制，这些外汇操作包括在外汇市场上购买和出售外汇、转让，以及柬埔寨与其他国家之间（或居民与非居民之间）的各种国际结算和资本流动。但是，这些操作必须通过柬埔寨授权银行进行。未能遵守这项规定将被处以涉及金额50%的罚款。

投资方面，只要通过柬埔寨的银行系统，外国投资者可以自由地进行以下支付：（1）支付进口和偿还国际贷款的本金和利息；（2）支付特许权使用费和管理费；（3）汇出利润；（4）投资资本回流。外国投资清算时，只有在符合《柬埔寨王国外汇法》并经柬埔寨授权银行实施的条件下，投资者方可自由转让该清算利益。

为了向投资者提供更大的便利，新《投资法》规定强化“单一窗口”机制，缩短申办时间，包括加速和提高审批“总清单（master list）”效率；此外，政府也决定改革监督和检查机制，以减轻投资者依法合规的负担。新投资法予以的税务奖掖计划将分为三类，即基本奖掖、额外奖掖和特别奖掖。在基本奖掖下，合格投资项目投资者可选择享有3～9年的“免税假期”（其时限将视不同行业而定）；或选择在9年优惠期限内，以特别折旧率分摊资本拆旧费用，以及部分支出享有最高至200%税务回扣。一般合格投资项目也将享有额外奖掖，包括进口建筑材料和设备、生产机械和生产原材料，将可豁免缴交关税、特别税和增值税，实际免税优惠视项目种类而定。

二、柬埔寨外汇管理政策

（一）经常项目外汇管理政策

在货物贸易方面，若进出口金矿、银矿和其他贵金属的交易价值超过1万美元（含）须向柬埔寨国家银行进行申报。出口收入必须通过经授权的国内银行汇入出口商的国内账户。国有或私营企业出口特定商品必须经商务部门许可。出口特殊木材须获得出口许可证，严禁出口古董和特定类别的原木。未经切割的宝石出口受到管制。进口采用负面清单管理，在考虑到国家安全、健康、环境、道德等因素的情况下，禁止进口特定商品。

在服务贸易、收益和经常转移方面，当向非居民支付利息、特许权使用费、租金，以及与财产使用、股息、支付管理或技术服务有关的收入时，须征收14%的预提税。

（二）资本和金融项目外汇管理政策

关于直接投资方面，柬埔寨规定超过1万美元（含）的境外直接投资必须提前申报，外国投资者在柬埔寨的投资应事先获得柬埔寨发展委员会批准。外商直接投资的清算收益可根据柬埔寨投资法规自由转账。

在资本和货币市场工具方面，非居民可在当地购买证券。在一级市场，认购股票的20%为柬埔寨投资者预留，剩下的80%供居民和非居民投资。如果以上分配没有实现，柬埔寨证券交易委员会会长可以再次分配。二级市场交易对非居民无限制。非居民也可以在本地销售或发行证券，发行公司可以是注册的股份有限公司或柬埔寨允许的其他公司形式。

在信贷业务方面，进出口贷款及借贷（包括贸易信贷）可以在居民与非居民之间自由进行，前提是贷款支付和偿还须通过经授权的中介机构。居民不能通过银行和金融机构向非居民发放贷款；当居民通过银行收到非居民贷款时，需要缴纳12.5%的准备金。

（三）个人外汇管理政策

在出入境方面，如若旅客携带等值1万美元以上的瑞尔或外币现钞出入境，必须在过境时向海关申报。在个人外汇交易方面，居民可以自由持有外汇，且通过授权银行进行的外汇业务不受限制，但若单笔转账金额在1万美元（含）以上的，授权银行应向柬埔寨国家银行报告。同时，个人可以开立外汇账户并通过该账户向境外转账。非居民也可以开立柬埔寨本国货币银行账户，从该账户中以外币形式向国外转账。任何涉嫌洗钱或支持恐怖活动的账户都将被封锁。

个人资本项目方面，非居民不能购买土地，但可以购买公寓；非居民不能在柬埔寨售卖土地，但可以卖出或转让公寓。

（四）金融机构外汇业务管理政策

柬埔寨的银行等金融机构不能发放境外贷款（包括租赁贷款和所有种

类的签约担保），银行借用外债需计提12.5%的准备金。银行可以开展自身或代客衍生品交易。居民和非居民账户外汇存款准备金率为12.5%，瑞尔存款准备金率为8%。银行须保持50%的流动比率。银行必须保持单一币种净头寸和所有币种的总净头寸不超过资本的20%。

截至2016年底，柬埔寨共有持牌货币兑换机构73家，授权货币兑换机构2212家。柬埔寨没有正式的即期外汇市场，货币兑换机构可自主确定买卖纸币及旅行支票的汇率。

在柬埔寨，外汇经纪人可以从事外汇业务，管理境外账户，购买或出售现钞和旅行支票。持有执照的货币兑换机构可以直接与柬埔寨国家银行交易，并以客户名义进行外币支付和转账。经柬埔寨国家银行授权的商业银行和其他代理商可以进行外汇交易。

此外，若发生外汇危机，柬埔寨国家银行可发布相关规定对经批准的中间商活动进行临时限制，特别是针对法律指定交易、外汇头寸及对非居民本国货币贷款等的限制，实施期限为3个月。

三、新冠疫情下柬埔寨对外商投资企业的支持政策

柬埔寨未出台针对外商投资企业的专门政策。为应对新冠疫情影响，柬埔寨政府于2020年2月24日宣布第一阶段财政方案，公布一揽子财政援助配套措施，包括设立5000万美元联合融资机制，受原料短缺或欧盟关税影响的工厂可享有最高一年免税假期，停产工厂工人可领六成基薪，7万美元以下住宅免征注册税，暹粒酒店客栈免征4个月税务等。此后柬埔寨政府相继出台了多项措施，例如：经济和财政部正式启动1亿美元低息贷款支持中小型企业发展；国家银行要求信贷机构减免收费，包括降低信贷相关服务费用；大众银行支持客户暂缓还贷；国家银行指示各商业银行和小额贷款机构须允许借贷人申请进行“债务重组”；等等。针对普通民众，柬埔寨政府每月为工厂及旅游业的失业员工发放40美元的补助，拟投4.5亿美元救助经济弱势群体。针对农业领域，柬埔寨政府预拨5000

万美元低息贷款推动畜牧业发展。

为应对新冠疫情，柬埔寨政府还推出了一系列经济措施。2020年柬埔寨经济和财政部批准暂时调低企业因支付借款利息而须代扣代缴的利息预扣税（国内借款为15%，海外借款为14%），所有企业将能和银行和金融机构一样，享受到降低利息预扣税优惠；放宽中小型企业融资条件，调整联合融资机制，通过新成立的中小型企业银行之间的合作，以及中小型企业银行与小额贷款机构和商业银行之间的合作，联合向中小型企业提供低息贷款，支持中小型企业从事入口替代商业模式活动。

第三节　境外直接投资的外汇管理

一、中国与柬埔寨之间双边、多边条约中关于外汇的相关约定

（一）中国与柬埔寨之间的双边条约

中国与柬埔寨之间签订了多项关于投资贸易和经贸合作的双边条约。主要的双边条约如下。

1.《中华人民共和国政府和柬埔寨王国政府自由贸易协定》（2020年10月）。

中国和柬埔寨商定签署自由贸易协定，这是双方达成的重要共识。2020年1月，双方启动谈判，历经7个月3轮正式谈判，于2020年7月20日宣布完成谈判。《中华人民共和国政府和柬埔寨王国政府自由贸易协定》（以下简称《中柬自由贸易协定》）的签署，标志着双方全面战略合作伙伴关系、共建中柬命运共同体和“一带一路”合作进入新时期，是双边经贸关系发展中新的里程碑，将推动双边经贸关系提升到新的水平。近年来，中柬在经贸合作方面稳步发展，发展迅速。据中方统计，2020年1—12月，中柬双边贸易额为95.6亿美元，同比增长1.4%。其中，中国对柬埔寨出口80.6亿美元，同比增长0.9%；从柬埔寨进口15亿美元，同比增长3.7%。在中方对柬埔寨的投资方面，中国企业对柬埔寨的直接投资流量

为9.6亿美元，同比增长28.2%。在工程承包方面，中国企业在柬埔寨新签工程承包合同额约66.2亿美元，同比增长18.8%；完成营业额34.9亿美元，同比增长25.7%[①]。

在货物贸易方面，《中柬自由贸易协定》实现了高水平关税减让，为两国产品提供了更好的市场准入条件。中方最终实现零关税的产品达到全部税目数的97.53%，其中97.4%的产品将在协定生效后立即实现零关税。加上部分降税产品，中方参与降税产品比例达到97.8%。柬方最终实现零关税的产品达到全部税目数的90%，其中87.5%的产品将在协定生效后立即实现零关税。加上部分降税产品，柬方参与降税产品比例达到90.3%。在具体产品上，中方将服装、鞋类、皮革橡胶制品、机电零部件、农产品等柬方重点关注产品纳入关税减让，柬方将纺织材料及制品、机电产品、杂项制品、金属制品、交通工具等中方重点关注产品纳入关税减让[②]。

2.《中华人民共和国政府和柬埔寨王国政府关于促进和保护投资协定》（1996年7月）。

为了促进中柬双方在投资与经贸合作的繁荣，提高双方投资者的积极性，中国与柬埔寨于1996年签署《中华人民共和国政府和柬埔寨王国政府关于促进和保护投资协定》（以下简称《中柬关于促进和保护投资协定》），以为双方投资提供便利化的促进措施。

《中柬关于促进和保护投资协定》要求，缔约方应鼓励缔约另一方的投资者在其领土内投资，并接受此种投资。双方都应根据法律法规为在其领土内从事与投资有关活动的另一方国民获得签证和工作许可提供帮助和便利。《中柬关于促进和保护投资协定》还规定了最惠国待遇与公正待遇保护，以保证投资者受到公正的对待。除了以上规定，协定还规定投资补偿措施、投资担保以及投资争端的解决方式等。

---

① 数据来源：中华人民共和国商务部网站，http://www.mofcom.gov.cn/article/tongjiziliao/sjtj/yzzggb/202103/20210303042833.shtml。

② 数据来源：中华人民共和国商务部国际司。

3.《中华人民共和国政府和柬埔寨王国政府贸易协定》(1996年7月)。

中柬双方在平等互利的基础上，为了发展和加强两国之间的经济贸易关系，签订本协议，以便利双方投资和贸易。

缔约双方在两国贸易中对进出口货物征收的关税、其他捐税以及办理海关管理的规章手续方面，应在对等的基础上相互给予最惠国待遇。但上述规定不适用于：(一）缔约任何一方为便利其边境贸易而给予或可能给予毗邻国家的优惠和利益；(二）缔约任何一方由于成为或将成为关税联盟、自由贸易区或区域性经济集团的成员而产生的优惠和利益。

两国之间货物、商品的进口和出口将按照各自国家现行有效的进口、出口、外汇法令和规章并符合国际贸易惯例，并在两国的贸易机构或进出口商所达成的交易基础上进行。两国之间的贸易支付，应根据各自国家现行有效的外汇条例以可自由兑换的货币办理。但这并不排除经双方同意的其他支付安排，以便利贸易的进行。

4.《中柬命运共同体行动计划（2019—2023）》(2019年4月)。

中国视柬埔寨为周边外交的重点方向，一直从全局和战略的高度规划和推进中柬各领域的合作，与柬方共享机遇、携手合作、共同促进发展，共同建设高质量、高水平、高标准的新时代中柬命运共同体，并为地区和平稳定发展贡献更多积极因素。中柬构建命运共同体行动计划于2019年启动，涵盖了政治、安全、经济、人文、多边等五大领域合作的31项具体目标和措施，其中仅经济合作就涉及经贸投资、交通与基础设施建设、能源、金融等13个领域。

《中柬命运共同体行动计划（2019—2023）》致力于将中柬在经贸投资方面的合作推向更加紧密的方面。中国是柬埔寨最大的投资来源地，其中相当一部分投资涉及纺织领域。目前，在柬埔寨的纺织业中，中资企业占据了70%以上的市场份额，为当地提供了大量的就业机会，同时也培养了大量熟练工人和管理人才，为柬埔寨的社会和经济发展，以及提高当地居民的生活水平发挥了重要作用。柬埔寨方面表示，将与投资者最大限度合作，为他们提供便利，创造更加优越的经商和投资环境。

（二）中国与柬埔寨之间的多边条约

1.《区域全面经济伙伴关系协定》（2020年11月）。

2020年11月15日，《区域全面经济伙伴关系协定》（Regional Comprehensive Economic Partnership，缩写为RCEP）由15个成员国签署，该协定于2022年1月1日生效。15个成员方包括东盟十国和中国、澳大利亚、日本、韩国和新西兰。RCEP将有利于中国与柬埔寨之间金融市场开放与跨境资金自由便利流动。

RCEP涉及外汇的内容主要集中在第八章“服务贸易”“金融企业服务项目”，以及第十章“投资”。第八章“服务贸易”减轻了成员国限制性和歧视性措施，为中国和柬埔寨进一步扩大服务贸易创造了条件。具体规则主要包括市场准入承诺表、国民待遇、最惠国待遇、当地存在和国内法规等。此外，中柬采用正面清单承诺，并将在协定生效后6年内转化为负面清单，并对其服务承诺作出安排。第八章“附件一：金融服务附件”就金融服务制定了具体规则，同时为防范金融系统不稳定性提供了充分的政策和监管空间。该附件包括审慎例外条款和金融监管透明度义务，还规定缔约方可通过磋商等方式讨论解决国际收支危机或可能升级为国际收支危机的情况，以确保中国与柬埔寨双方金融监管机构保留制定支持金融体系完整性和稳定性措施的能力。

第十章“投资”包括投资保护、自由化、促进和便利化四个方面，是对原“中国东盟‘10+1’自由贸易协定”投资规则的整合和升级。具体规则包括禁止业绩要求、采用负面清单模式作出非服务业领域市场准入承诺并适用棘轮机制（即未来自由化水平不可倒退），具体到投资便利化部分，还包括外商投诉的协调解决和争端预防。中柬均采用负面清单模式作出较高水平开放承诺。

柬埔寨方面，其出具的《投资保留及不符措施承诺表》第三项涉及外汇管理。柬埔寨在服务贸易和投资领域，对非居民在国内购买股票证券进行了限制，规定外国投资者不能100%认购公开发行的证券（最多80%）。

需要注意的是，柬埔寨在RCEP有关于外汇和投资方面拥有例外规定。这些例外规定具体包括：对“涵盖投资”定义的个别词语的例外解释，禁止业绩要求的第六条，第八条的适用例外、对征收日期的例外解释以及对最惠国待遇的排除适用等。柬埔寨不适用最惠国待遇原则，本协定第十章“投资”的第四条“最惠国待遇”规定的待遇不得给予柬埔寨的投资者以及此类投资者的涵盖投资。

除了在RCEP的多边合作外，中国与柬埔寨在外汇领域上有许多其他的条约和协定，如2007年生效的《中华人民共和国政府与东南亚国家联盟成员国政府全面经济合作框架协议服务贸易协议》、2005年生效的《中华人民共和国政府与东南亚国家联盟成员国政府全面经济合作框架协议货物贸易协议》、2000年生效的《中华人民共和国政府和柬埔寨王国政府关于促进和保护投资协定》均在外汇方面作出规定并达成共识。

2.《大湄公河次区域电力贸易政府间协议》（2003年）。

大湄公河次区域经济合作（Great Mekong Subregion Cooperation，简称GMS）于1992年正式成立，涉及流域内的6个国家——中国、缅甸、老挝、泰国、柬埔寨和越南，旨在通过加强各成员国间的经济联系，促进次区域的经济和社会发展。GMS合作机制是一个发展中国家互利合作、联合自强的机制，也是一个通过加强经济联系，促进次区域经济社会发展的务实的机制。GMS机制的合作范围涉及交通、电信、能源、旅游、环境、人力资源开发、贸易、投资和农业九个领域，通过了《次区域发展未来十年战略框架》、《大湄公河次区域便利运输协定》中方加入书和《大湄公河次区域政府间电力贸易协定》等。进一步加强相互之间的贸易投资合作，促进流域内的多边国家的对外贸易。

其中，《大湄公河次区域电力贸易政府间协议》作为GMS合作机制中的一个重要协议，能够发展各国电网间的互联，扩大容量和电能贸易，能够加强供电的可靠性，协调各国发电及输电设施的安装和运行，降低国家间的投资和运行成本，并分享在系统联网运行后所带来的其他利益。

3.其他中柬参与的多边条约。

中国与柬埔寨都是世界贸易组织成员，中国于2001年加入，柬埔寨于2003年加入。世界贸易组织为成员国提供了稳定的商贸环境，能够有效扩大中国与柬埔寨之间货物和服务的生产与贸易。通过提供实质性削减关税、积极确保发展中国家在世界经贸活动中的公平待遇、降低关税和非关税壁垒、消除歧视等措施，作为中柬双方的纽带，提供保障，加强双方在投资贸易之间的合作，为双方创造更多的机会。

除了加入世贸组织，中柬双方也同为国际国币基金组织（IMF）的成员和亚投行（AIIB）成员，这将方便双方发展项目融资，鼓励投资，为双方在资本流通方面提供保障，维护双方的汇率秩序，协助双方建立经常性多边支付体系。

二、境外直接投资的主体选择：机构与个人

境外直接投资（Overseas Direct Investment），简称ODI，是指在国内企业或团体得到相关部门核准后，通过设立、并购、参股等方式，在境外设立或取得境外企业或项目的权益的行为，这些权益包括所有权、控制权、经营管理权等。

在中国，境外直接投资的主体由法律规定。《企业境外投资管理办法》（中华人民共和国国家发展和改革委员会令　第11号）第二条规定，中国境外投资主体为中华人民共和国境内企业，包括各种类型的非金融企业和金融企业。

除了中国境内企业可以参与境外直接投资，境内居民个人也可以通过特殊目的参与投融资。国家外汇管理局2014年出台的《国家外汇管理局关于境内居民通过特殊目的公司境外投融资及返程投资外汇管理有关问题的通知》（汇发〔2014〕37号，以下简称“37号文”）规定，境内居民（包含境内机构和境内居民个人）可以通过特殊目的公司进行境外

投融资。根据规定，境内居民是指境内机构和境内居民个人，“境内机构”是指中国境内依法设立的企业事业法人以及其他经济组织；“境内居民个人”是指持有中国境内居民身份证、军人身份证件、武装警察身份证件的中国公民，以及虽无中国境内合法身份证件但因经济利益关系在中国境内习惯性居住的境外个人。境内居民可以投融资为目的，以其合法持有的境内企业资产或权益，或者以其合法持有的境外资产或权益，在境外直接设立或间接控制的境外企业。该境外企业设立的目的要求居民进行返程投资，既境内居民直接或间接通过特殊目的公司对境内开展的直接投资活动，即通过新设、并购等方式在境内设立外商投资企业或项目（以下简称外商投资企业），并取得所有权、控制权、经营管理权等权益的行为。外汇管理规定，原则上不允许中国自然人在境外投资。但在现有的外汇管理体系下，“37号文”提供了中国自然人唯一的、合法合规地持有境外公司股份的途径。

三、境内投资者境外直接投资的外汇操作

资本项目外汇主要包括境内直接投资外汇业务、境外直接投资外汇业务、证券投资业务等。国家外汇管理局发布的《资本项目外汇业务指引（2020年版）》（以下简称《指引》）是进行资本项目外汇参考的准则。其中，境内直接投资外汇业务有11项业务登记流程，境外直接投资外汇业务有8项业务登记流程。以下主要对境内投资者境外直接投资的外汇操作进行说明。

（一）资本项目信息登记

中国法律法规要求开展境外投资的公司或个人，首先需要进行资本项目信息登记，它是后续资本项目外汇业务开展的前提条件。有需要的公司或个人应向所在地银行或国家外汇管理局及其分支机构办理相关资本项目外汇登记手续，领取业务登记凭证，作为办理资本项目下账户开立和资金汇兑等后续业务的凭证。

（二）境外投资项目申报流程

若要申报境外投资项目需要经过五个流程，分别是前置程序、国家发展改革委申报、商务部申报、外汇登记、驻外使馆登记。

前置程序是第一步，包括内部决策和国资委审批，主要涉及的是中央企业。第二步根据境外投资项目的性质不同，分为向商务部申报和向发改委申报。国家发展改革委主要管辖金融类和非金融类境外直接投资项目，在审查方面更侧重于审查“投资项目”；商务部主要管辖非金融类的境外直接投资项目，在审查方面更侧重于审查“标的公司”。不论是国家发展改革委申报审查还是商务部申报审查，都要遵循规定的备案方式。境外直接投资审核分为核准制和备案制。核准制的适用条件是企业境外投资涉及敏感国家和地区、敏感行业，核准机关为国家发展改革委和商务部；备案制适用条件是核准制以外的投资项目，备案机关为国家主管机关与地方主管机关。第三步为外汇部门申报，向国家外汇管理局进行境外直接投资外汇登记，或者根据“37号文”进行登记，大额非敏感类的境外直接投资项目适用事前报告，小额非敏感类的境外直接投资项目适用事后备案。

（三）境内机构境外直接投资前期费用登记、汇出及汇回

完成资本项目信息登记，公司和个人就可以向银行申请办理相关业务。《指引》对境内机构境外直接投资前期费用登记、汇出及汇回作出了规定。公司在办理资金汇出及汇回之前，需要先进行前期费用登记。境内机构需要提供《境外直接投资外汇登记业务申请表》、资金来源证明、资金使用计划和企业有关权力机构关于境外投资相关决议等真实性证明材料进行登记；若境内机构为其境外分支、代表机构等非独立核算机构购买境外办公用房办理前期费用登记，还可通过提供境外购买办公用房合同或协议来办理登记。除此之外，境内机构在办理境外直接投资时还需注意前期费用登记的审核条件。《指引》规定，境内机构（含境内企业、银行及非银行金融机构）汇出境外的前期费用，累计汇出额原则上不超过300万美元且不超过中方拟投资总额的15%；境内机构在汇出前期费用之日起6个月内仍未设立境外投资项目或购买境外办公用房的，应向所在地银行报告其前期费用使用情况并将剩余资金退回。

（四）境内机构境外直接投资登记及变更、注销登记

境内机构在以境内外合法资产或权益（包括但不限于货币、有价证券、知识产权或技术、股权、债权等）向境外出资前，或以境外资金或其他境外资产或权益出资的境外直接投资，应到所在地银行申请办理境外直接投资外汇登记，并提供《指引》要求的审核材料。

境内机构在办理境外直接投资外汇变更登记时，应出具《境外直接投资外汇登记业务申请表》和业务登记凭证，还有该笔境外投资相关主管部门对境外投资变更事项的批准、备案文件或无异议材料，以及境外投资资金来源证明等真实性证明材料。还需注意，境外放款转为对境外公司股权的，应先向所在地外汇局申请办理境外放款变更或注销登记。

办理境外直接投资外汇注销登记的审核材料除了业务登记凭证和批准材料等，还需提供境内机构的清算审计报告。若是多个境内机构共同实施一项境外直接投资的，由约定的其中一家境内机构向其所在地银行申请办理清算登记。

（五）境内居民个人特殊目的公司外汇（补）登记及变更、注销登记

境内居民个人以境内外合法资产或权益（包括但不限于货币、有价证券、知识产权或技术、股权、债权等）向特殊目的公司出资的，在办理特殊目的公司外汇（补）登记时，应提供外汇登记表、个人身份证件、特殊目的公司的注册文件、权力机构同意融资决议书以及境内居民个人的持有境外资产或权益的证明文件。境内居民个人参与非上市特殊目的公司权益激励计划的，除了需要提供上述审核材料，还应提供相关境内企业出具的个人与其雇佣或劳动关系证明材料以及特殊目的公司或其实际控制人出具的能够证明所涉权益激励真实性的证明材料。境内居民个人以境内外合法资产或权益已向特殊目的公司出资但未按规定办理境外投资外汇登记的，还应提交说明函。

已登记的特殊目的公司发生境内居民个人股东、公司名称、经营期限等基本信息变更，或发生境内居民个人增资、减资、股权转让或置换、公司合并或分立等重要事项变更的，适用境内居民个人特殊目的公司变更登记的相关规定。因破产、解散、清算、经营期满、身份变更等原因造成特殊目的公司终止经营的，或者不再属于需要办理特殊目的公司登记的，适用境内居民个人特殊目的公司外汇注销登记的有关规定，同时收回原《境内居民个人境外投资外汇登记表》原件。

（六）境外直接投资存量权益登记（年度）

境外投资企业（含境内居民个人在境外设立的特殊目的公司）的境内投资主体应于每年1月1日至6月30日（含）期间，通过资本项目信息系统企业端、银行端向外汇局报送上年度境外企业存量权益相关信息。境外投资企业（含境内居民个人在境外设立的特殊目的公司）的境内投资主体应对数据信息的真实性、准确性负责。境外投资企业（含境内居民个人在境外设立的特殊目的公司）的境内投资主体应提供年度权益统计表。

（七）境内机构境外直接投资资金汇出与利润汇回

在办理资金汇出和汇回时，境内机构汇出资金累计不得超过资本项目信息系统登记的可汇出资金额度，汇回利润可保留在企业经常项目外汇账户或直接结汇。还应保证收款人信息与资本项目信息系统中登记信息的一致性。

第四节　中柬货币清算及人民币业务综合服务

一、中国—柬埔寨跨境贸易人民币结算介绍

贸易结算货币是指在国际贸易和信贷合同中用作计价单位和支付手段的货币。中国积极推动人民币国际化进程。2009年4月8日，国务院常务会议决定在上海和广州、深圳、珠海、东莞等城市开展跨境贸易人民币结算试点。2011年8月23日，中国人民银行、财政部、商务部、海关总署、国家税务总局和中国银监会联合发布《关于扩大跨境贸易人民币结算地区的通知》，明确部分省市的企业可以开展跨境贸易人民币结算，之后，跨境贸易人民币结算境内地域范围扩大至全国。中国人民银行在人民币跨境贸易结算试点不断开放的同时，进一步加快人民币国际化的步伐。2011年1月6日，中国人民银行发布《境外直接投资人民币结算试点管理办法》，正式启动境外直接投资以人民币结算，鼓励企业用人民币“走出去”，标志着人民币在资本项下的国际化迈出一大步，其全球地位再上新台阶。

中国与东盟国家在双边货币互换、金融股票市场合作方面也取得了显著成效。一是借RCEP经贸合作深化之力，人民币在东盟的使用率逆势上扬。2021年中国—东盟跨境人民币结算量达4.8万亿元，同比增长16%，10年来增长近20倍。二是中国—东盟货币管理机构紧密联系，多元货币

合作不断升级。截至2021年末，中国分别与越南、印度尼西亚、柬埔寨签订了双边本币结算协议；与印度尼西亚、马来西亚、新加坡、泰国等签订了货币互换协议，金额约8000亿元。三是东盟国家金融机构深耕人民币市场，支付清算网络不断健全。新加坡、马来西亚、泰国和菲律宾已有人民币清算行安排①。

中国与柬埔寨在人民币结算方面达成了协议与共识。2011年3月17日，中国银行金边分行成功办理了首笔中柬跨境人民币贸易结算业务。此后，中柬双边贸易结算逐渐减少对美元的依赖，人民币的使用量不断增加。柬埔寨目前有两家中资银行，即中国银行和中国工商银行，均能够提供人民币结算服务。此外，柬埔寨还允许使用微信、支付宝和银联等第三方平台进行结算。2016年，国家开发银行广西分行向柬埔寨加华银行发放了2亿元的境外项目人民币贷款，以帮助其在柬埔寨开展人民币业务并提供流动性支持。2017年4月28日，中国银行金边分行将1070万元人民币现钞从柬埔寨暹粒省押运到香港，并存入了中银香港账户。同年8月，广西北部湾银行和柬埔寨加华银行在广西完成了中国首笔人民币对柬埔寨瑞尔的结算交易。此举满足了中柬两国企业的资金结算需求，降低了企业“走出去”的资金成本和汇率风险。2017年9月13日，中国银行广西分行和广西北部湾银行完成了全国银行间市场首笔人民币对瑞尔的交易，正式启动了柬埔寨瑞尔兑人民币银行间区域交易市场。从2017年开始，柬埔寨国家银行暹粒省分行逐步展开人民币现金存取业务。人民币已成为柬埔寨国家银行的储备货币，并且成为该国除美元与瑞尔外的第三大流通货币。在跨境贸易中，中国广东省和柬埔寨已开始使用人民币进行结算。在经贸投资和基础设施建设等领域，柬埔寨可以充分发挥地域优势，进一步促进两地农产品直接贸易和加工贸易的发展，推动人民币直接结算。

---

① 数据来源：中华人民共和国商务部网站，http：//chinawto.mofcom.gov.cn/article/e/s/202209/20220903351090.shtml。

随着中柬经贸合作进一步加深，人民币跨境贸易结算向纵深发展。2022年1月，《中柬自由贸易协定》生效；2023年2月11日，中柬双方签署《中华人民共和国和柬埔寨王国关于构建新时代中柬命运共同体的联合声明》，大力推动了中柬双边经贸关系。其中，柬方为了进一步吸引中国投资和游客，特别强调了便利和鼓励中国游客在柬埔寨以电子、数字和现金的形式用人民币支付，允许旅游业者直接收人民币；同时，柬埔寨国家银行申请加入中国人民币跨境支付系统（CIPS），也允许中国游客在境内使用中国电子支付服务。中柬双方大力推动人民币在柬埔寨的跨境贸易支付和结算，将为两国带来多方面利益，包括降低瑞尔和人民币结算成本，加强中国与柬埔寨双边贸易、投资和旅游业合作，以及推动区域经济融合；对于外贸方面，人民币跨境贸易支付和结算不仅能够有效规避汇率风险，并且能够节省汇兑成本、贸易融资的费用，从而降低财务成本。

二、跨境人民币国际结算业务类型

从贸易结构方面看，中国跨境贸易人民币计价结算的主体是经常项目，其中以货物贸易为主要来源。自2009年跨境贸易人民币结算实施以来，服务贸易和其他经常项目的人民币结算比重逐步提升。根据中国人民银行数据，2012—2018年，货物贸易、服务贸易及其他经常项目的人民币收付金额总体上都呈上涨趋势，货物贸易结算金额的占比居高不下，维持在60%以上的水平，这也与中国对外贸易结构以货物贸易结构为主的现象相吻合。从收付结构方面看，跨境贸易人民币结算收付比例由初期失衡状态逐渐转向均衡状态。根据中国人民银行数据，2011年人民币结算的收付比例为0.58，意味着进口企业人民币支付额远大于出口企业出口产品收回的人民币资金，即人民币作为跨境结算的货币被认可程度仍旧较低，国外出口企业具有更强的定价权。伴随人民币跨境贸易支付的持续推进、收付清算的便利化、一系列配套设施和监管体系的完备，2015年中国跨境贸易人民币收付业务首次出现了实收大于实付的现象，收付比例转变为1.05。

2019年，人民币跨境收款10.02万亿元，付款9.65万亿元，收付总体平衡。

在跨境人民币结算业务中，托收、信用证和汇款是主要的结算方式，具体包括信用证开立、信用证保兑、进口代收、出口跟单托收等。中国商业银行国际结算产品及服务主要围绕传统的信用证、汇兑和托收三种方式展开。虽然某些产品和服务略有不同，但国际结算产品和服务的同质性程度相对较高。

企业办理出口收汇业务，采用跨境人民币结算，需要申请名录登记，即加入试点企业名单。新设出口企业办理出口收汇业务前，须凭贸易外汇收支企业名录登记申请表、营业执照向所在地外汇局申请办理名录登记。办理名录登记后，企业可直接到银行办理出口收汇业务。有真实货物贸易外汇收支业务需求的境内企业申请贸易外汇收支企业名录登记，须提交法定代表人签字并加盖企业公章的贸易外汇收支企业名录登记申请表和营业执照。

中柬两国货币的直接报价与交易标志着中柬双边贸易以两国本币直接结算的时机基本成熟。这不仅推动了人民币在柬埔寨的使用，而且大力推动了瑞尔在柬埔寨本国经济和国际贸易中的流通和使用。

案例：赴柬进行投融资活动的风险管控

在与柬进行的外汇交易活动中，经常包含着跨国投融资活动，而赴柬进行投融资活动往往伴随着一些投资风险，其中就包括不法分子投机利用投融资掩盖非法活动，这给双方在经贸活动中增加了风险。因此要对赴柬进行投融资的活动严加管控，更要加强对非法业务风险特征的识别。

案例一：以境外投融资活动掩盖非法融资

中国公民梁某等人分别宣称是境外公司“东盟建设控股有限公司”（ADFI）、“昶盛集团置业有限公司”的董事长、股东等身份，虚构上述公司将于2014年1月起在柬埔寨合作投资“暹粒世纪城”项目、合作入股柬埔寨电力供应公司发展柬埔寨电力供应厂等事实，通过网络媒体、推介会的途径，在中国北京、深圳、广州等地向社会公众公开宣传上述“投资产品”，以“高收益、高回报”为诱饵，骗取不明真相的群众投资，非法向公众吸收存款。

梁某等违反国家金融管理法律规定，向社会公众吸收资金，数额巨大，其先行投资后为获取非法利益发展和层级发展其他集资参与人，其作为团队负责人，积极实施非法吸收公众存款，其行为已构非法吸收公众存款的实行行为。

案例二：以境外投资活动掩盖非法融资

中国公民兰某以经营理财产品为名发展会员，参加者只需缴纳700元，即可成为JFH超级理财平台的会员。新会员入会后可以继续发展会员，大部分新发展的会员都将钱交给了兰某，然后由兰某在平台内兑换为美金。兰某在微信中组建了多个微信群，在微信群中大肆宣传，主要内容为会员投资给JFH超级理财平台的资金，全部用于柬埔寨的赌场、矿业、宾馆的投资，会员投资稳赚不赔，且有高额红利。

兰某以将资金投入柬埔寨的赌场、宾馆等为名（无实际经营项目），要求参加者以缴纳700元费用的方式获得加入资格，并按照一定顺序组成层级，通过宣传的方式，引诱人员加入，且直接以滚动发展的人员数量及投资为计算报酬依据。主观上以牟利为目的，客观上通过微信宣传、管理、收取部分入会费用。其行为已构成组织、领导传销活动罪。

随着全球经济体系的不断发展，跨国资本流动在规模和流向等多个层面上发生了剧烈的变动。跨国投融资行为不论是对跨国资本流动，还是对经济发展都有着直接或间接的影响。因此，应严厉打击非法资本流动行为，进一步强化对金融机构、外资银行等的外汇监管，切实提高对境外非法资金流动的查办。

第五章
税务筹划的方略

怎样到 RCEP 成员国投资
柬埔寨篇

税务筹划是指纳税人在依法纳税的前提下，采用法律允许或不违反税法的方法，通过对经营、投资、理财等涉税事项的事先筹划和安排，以达到减轻或解除税负、降低成本、提高经济效益的一种节税行为。税务筹划具有方案合法性、事先规划性、“节税”目的性和税种关联综合性等特征。近年来虽然受到新冠疫情的影响，但是柬埔寨的经济基本面依然向好，也依旧备受外国投资者的青睐。随着柬埔寨税法体系的逐步完善，柬埔寨政府也在同步加强对征税体系、税务清查和偷税罚款方面的规范。因此，了解柬埔寨的税收制度、优惠政策、税务风险等，有助于投资者在赴柬投资前做好合法合理的税务筹划，降低成本，实现利润最大化。同时也有利于投资者提高对税收风险管理的重视，提升诚实守信的纳税意识，确保投资行为的合法合规，免受当地政府的税收惩罚。此外，也有利于投资者准确把握柬埔寨当地的政策导向，优化产业布局和资金流，提升员工财税管理能力和企业的竞争力。

第一节　柬埔寨税收制度简况

柬埔寨实行统一的国家税收制度，采用属地税制，并以间接税为主。本节主要从柬埔寨的税收制度及税收管理和主要税种两个方面介绍柬埔寨税收基本概况。

一、税收制度及税收管理

（一）税收制度概况

税收制度，简称“税制”，是国家以法律或法令形式确定的各种课税办法的总和。柬埔寨的税制体系发展主要经历了以下几个阶段：（1）1982—1993年，采用纯粹的估税制（Estimated Regime）或官方估价制（Official Assessment），由税务官员计算预估利润并和纳税人一起向政府商议纳税额度；（2）1994—1996年进行改革，引入实际税制（Real Regime）或自我评估制（Self-Assessment System），由纳税人自己递交纳税申报表并缴纳税款；（3）1997年，柬埔寨颁布《柬埔寨王国税法》（以下简称《税法》），规定利得税、薪金税、增值税、消费税、预扣税以及相关行政规则和程序；（4）2016年至今，《财政管理法》（2016年）对以上两种税制并行的做法进行改革，将纳税人统一纳入单一税制——自行申报制（Self-Declaration Regime)，即实际税制。这也是柬埔寨目前保留的唯一税制。

基于自行申报制，根据2018年1月24日第025号经济和财政部部门规章，柬埔寨国家税务总局基于企业的人数和规模，将纳税人分为三个不同等级，即小型纳税人、中型纳税人和大型纳税人。(1) 小型纳税人只适用于独资经营者，包括：年营业额合计2.5亿至7亿瑞尔（约6.25万至17.5万美元）；或在一个税务年度任意连续三个月营业总额超过0.6亿瑞尔（约1.5万美元）；或接下来连续三个月的预估总营业额超过0.6亿瑞尔（约1.5万美元）；或在柬埔寨参与了商品或服务供应的投标、价格咨询或调查。(2) 中型纳税人即企业年营业总额介于7亿至40亿瑞尔（约17.5万至100万美元）；或注册为法人或法定代表办事处；或国家或地方政府机构、协会、非政府组织（NGO），或这些机构下的项目；或各国驻外使领馆、国际组织和其他国家政府技术合作机构。(3) 大型纳税人则是指企业年营业总额超过40亿瑞尔（约100万美元）；或跨国公司的子公司或外国公司的分公司；或合格投资项目（QIP）。符合上述条件的企业，须在开展经营活动或完成商务部商业注册后的15天内办理税务注册。[①]纳税人的类型会对公司所得税税率的适用等产生影响。如果企业申报的营业额与实际营业额不符，GDT有权根据纳税人实际用于企业经营的资产价值，重新认定纳税人的类型。通常而言，小型纳税人主要适用于本地小型家庭企业；外国投资者会被归类为大型纳税人或中型纳税人。此外，所有在柬埔寨经营的企业都必须提交月度纳税申报表和年度纳税申报表。

（二）税收管理概况

1997年颁布的《税法》和2003年颁布的《税法修正案》为柬埔寨的税收制度提供了主要法律依据。值得注意的是，柬埔寨从2015年开始起草的新《税法》于2023年5月16日正式生效实行。该法共20章255条，

---

① 《中华人民共和国商务部：柬埔寨税务行政系统综述（一）》，中华人民共和国商务部网站，http：//cb.mofcom.gov.cn/article/ddfg/202007/20200702987882.shtml。

比1997年的《税法》增加了13章100条。柬埔寨官方称该部新法并未提高现有税率，也不会加重纳税人负担（本章内容主要根据1997年《税法》进行论述和总结）。除此之外，柬现行关于税收方面的法律法规还有：规定税收豁免的《柬埔寨王国投资法》（1994年制定，2021年最新修订）、历年《财政管理法》（预算案）、《柬埔寨王国商业法规和商业注册法》以及经济和财政部颁布的一系列法规等。

柬埔寨于1982年设立税务部，后于2008年设为国家税务总局。GDT隶属于经济和财政部，是负责征税和实施税务法律法规的国家政府机关。GDT的职能主要包括：制定税收政策并征收各种税收用于国家预算、起草法律、税务法规；确定纳税人或扣缴义务人需要保留和交给税务机关的其他必要的法律文件；制定审计计划和执行税务审计；根据交叉核对确定纳税人和扣缴义务人的税基；计算、征收税款及任何额外收入；负责税务领域的国际合作；对违反法律法规的纳税人和扣缴义务人进行处罚；参与准备为起草年度财务管理法的国家年度预算计划；为纳税人提供服务，包括信息、教育和指导，以使其遵守税收法律法规等。GDT会将其部分权限授予首都金边各区的分支机构、省级税务分支机构以及其他省份的区/片/镇分支机构，以及区/分区/镇分支机构。GDT下属的这些税务分支机构主要负责：实施GDT发布的税收政策；征收GDT指定的其他税费；代表GDT负责税务事宜并提供合作；计算、征收税款及任何额外收入；根据交叉核对确定纳税人和扣缴义务人的税基。纳税人必须向营业地的相关税务分支机构提交纳税申报单并缴纳税款。

二、主要税种

基于自行申报制，柬埔寨的税收种类可以分为按年度申报的税种、按月度申报的税种和其他税种。月度纳税申报应在下个月15日之前提交给GDT的分支机构。年度纳税申报应在次年3月31日前提交。以下介绍柬埔寨部分主要税种。

（一）按年度申报的税种

1.利润税（Tax on Profit/Income）。

利润税又称为所得税或利得税。依照柬埔寨《税法》第1条至第23条的规定，柬埔寨政府对利润税的征收是基于居民税收管辖权和所得来源地管辖权。应税对象包括居民纳税人来自全球的所有收入，以及非居民纳税人来自柬埔寨的收入。所谓居民纳税人，是指在柬埔寨拥有住所或一年中在柬埔寨境内居住182天以上的自然人，以及在柬埔寨境内已经建立或管理或拥有经营活动场所的法人或团体。永久性常驻机构（Permanent Establishment）仅就其来源于柬埔寨的收入交税。依据2023年5月颁布的新《税法》的规定，来源于柬埔寨的收入还包括出售或转让动产、不动产、不动产利益（包括位于柬埔寨的无形资产）。而且，任何人代表非税务居民签署合同，或是扮演完成促成签署合同主要任务的角色，将被视为符合永久性常驻机构的条件。这也意味着，若任何人经常参与合同谈判工作，或是大力促成签署合同，即使自己未在合同上签字，也将被视为提供服务和须履行纳税义务。

利润税是来源于全部经营活动成果的纯利润，包括正在经营获得的收入，已经停止经营但出售动产获得的超额价值收入，以及有关财政、投资、利息、租金、税务带来的收入。大中型纳税人的公司和常设机构的企业利润税标准税率为20%。但是如果属于《税法》规定的特殊收入则采用行业特定税率，例如：对于石油产品和天然气买卖或经营自然资源包括木材、矿产、黄金或各种珍贵宝石而实现的利润，税率为30%；保险公司在柬埔寨承保生命财产或灾难保险的，利润税的税率为年保险金收入的5%；投资优惠税率是0%至9%。此外，柬埔寨对小型纳税人（自然人营利收入或者非法人团体收入）的所得税采用0%至20%的累进税率。2022年9月28日，柬埔寨政府发布第196号次级法令（第196号次级法令），对年度利润税进行了调整。该法令于2023年1月1日生效。2023年1月1日后，自然人、独资企业和根据《税法》被归类为法人的合伙企业中的合伙人的年度利润税率：全年应纳税所得总额是0至18000000瑞尔的，税率为0%；18000001至24000000瑞尔，税率为5%；24000001至102000000瑞尔，税率为10%；102000001至150000000瑞尔，税率为15%；超过150000000瑞尔，税率为20%。此外，柬埔寨《税法》的第9条和第11条还对免税收入和可抵扣的所得作了具体规定。

2.最低税（Minimum Tax）。

最低税是从利润税中分离出来的独立税种。最低税按照提供服务和销售货物的营业收入（包括除了增值税以外的其他税金）的1%征收。当纳税人处于亏损状态或利润税的税负少于最低税税负时，纳税人就须按照利润税的年缴税时间缴纳最低税。即该纳税年度应纳利润税大于该年度应纳最低税时，纳税人仅需就应纳利润税与最低税的差额缴纳税款。若该纳税年度应纳利润税小于该年度应纳最低税时，纳税人仅需缴纳利润税部分。

适用实际纳税机制的纳税人需缴纳最低税，但是经柬埔寨发展理事会批准的合格投资项目可免于缴纳最低税。若企业有妥善保存相关的会计记录，且每年有准备审计后的外部审计报告，可免于缴纳。纳税人须事先提交税务机关审阅会计记录后，方能申请免征最低税优惠政策。最低税豁免适用于保存适当会计记录的企业，但是柬埔寨立法并未对“保存适当会计记录”进行具体定义，因此在操作中存在很大的不确定性。纳税人每月预交的利润税可以抵消最低税，不考虑纳税人是否盈利或者亏损。最低税申报截止日期与利润税申报截止日期相同，都是在纳税年度结束后的3个月内。

3.专利税（Patent Tax）。

专利税为年度商业登记税。根据柬埔寨当地法律规定，公司必须在每年3月31日之前缴纳并更新其专利税证书。公司应每年为每项业务活动和每个业务地点缴纳专利税。如果公司从事两项或两项以上的主要业务，或在两个或两个以上省市经营业务的，应对各类业务或各业务点分别取得专利税证书。专利税税额按照年度收入适用于三种类型的企业：

（1）小型纳税人：须缴纳40万瑞尔（约100美元）的专利税，同时须符合简单的会计标准；

（2）中型纳税人：须缴纳120万瑞尔（约300美元）的专利税，同时须符合《中小企业国际财务报告准则》；

（3）大型纳税人：公司年营业额介于40亿瑞尔到100亿瑞尔之间的，须缴纳300万瑞尔（约750美元）专利税；公司年营业额超过100亿瑞尔的，须缴纳500万瑞尔（约1250美元）专利税；同时须符合全套的国际财务报告标准。

（二）按月度申报的税种

1.增值税（Value Added Tax）。

增值税是指以商品或服务在流转过程中产生的增值额作为计税依据而征收的一种流转税。柬埔寨《税法》的第三章对增值税作了专门规定。

按照柬埔寨《税法》第64条的规定，柬埔寨境内增值税的标准税率为10%。从柬埔寨出口的商品和服务的增值税税率则为0%，具体包括：获支持行业（例如服装和鞋类行业）或分包商向出口商提供的商品和服务；在柬埔寨境外（例如国际港口/机场或进入柬埔寨的第一入口）提供的国际运输服务；稻米的供应和碾磨米的出口；供柬埔寨以外地区履行和使用的服务。

柬埔寨《税法》第57条规定了享受增值税豁免的货物和服务，包括：公共邮政服务；医院、诊所、医疗和牙科服务，以及在提供此类服务时附带的医疗和医疗产品；国有独资的公共客运服务；保险和主要金融服务；批准的非营利性活动；供个人使用的进口商品；土地（但不在建筑组成部分上）；教育服务；电力和净水；未加工农产品、基本食品的供应；固体及液体废物回收服务。依据2023年5月颁布的新《税法》规定，符合新《投资法》的合格投资项目，也享有“0增值税”地位。

自2019年6月起，柬埔寨国家税务总局实施网上申办增值税退款系统（eVAT），取代传统的增值税退税机制，以提升税务行政效率，鼓励纳税人依法合规。它被视为是一种有效且高效的机制，但还是需要纳税人向在线平台额外提交销售和购买记录，以进行退款验证。此外，纳税人必须在下个月20日之前按月申报增值税，并缴纳税款（如适用）。

2. 预扣税（Withholding Tax）。

预扣税是指居民纳税人企业以现金或实物向居民或非居民纳税人支付银行利息、特许权使用费、租金、股息等时代扣代缴的税款。预扣税的扣缴义务人限定为"从事经营活动的居民纳税人"。"从事经营活动"是指存在为获得收益而进行的经济活动。这一定义包括大部分纳税人企业，也包括从事经营活动或获得不能免除之收入的非营利组织。在柬埔寨没有分支机构或常设机构的非居民企业不能作为柬埔寨预扣税的扣缴义务人。但非居民企业位于柬埔寨的永久性常设机构（PE）会被视作居民企业，要对其来源于柬埔寨的收入缴纳预扣税。预扣税适用的税率根据向柬埔寨居民纳税人支付和向柬埔寨非居民纳税人支付的不同而分别作了以下规定。

向柬埔寨居民纳税人支付费用时：（1）支付自然人提供的服务的（包括管理、咨询等，但销售商品、租赁和就业活动的收入除外），预扣税税率为15%；（2）支付无形资产①和矿产资源使用费的，预扣税税率为15%；（3）支付动产（工业、商业、技术或科学设备）和不动产（土地、房屋或其他建筑）租金的，预扣税税率为10%；（4）支付当地银行、储蓄机构以外的个人或者居民纳税人利息的，预扣税税率为15%；（5）当地银行或储蓄机构向当地居民纳税人或有定期存款账户的个人支付固定存款利息的，预扣税税率为6%；（6）当地银行或储蓄机构向居民纳税人或拥有非固定储蓄账户的个人支付利息的，预扣税税率为4%。依据2023年5月颁布的新《税法》规定，符合新《投资法》的合格投资项目，在"免税期"（免收增值税）期间汇出国外的股息也无须缴纳预扣税。

---

① 无形资产主要指：版权、专利、品牌、商标、模型、设计、绘画、图纸或其他权利；与工业、商业、科学或技术领域的知识或经验有关的专门知识、技能、信息；对知识或信息的权利的转移；与权利使用有关的咨询公司或任何其他服务。

向柬埔寨非居民纳税人支付费用时：2017年1月1日生效的《财务管理法》对新《税法》第26条进行了修订；按照新的规定，向柬埔寨非居民纳税人支付利息、特许权使用费、租金、管理或服务报酬、股息和其他款项的柬埔寨居民纳税人，应按支付金额14%缴纳预扣税。

3.工资税（Tax on Salary）和员工福利税（Tax of Fringe Benefits）。

柬埔寨虽然并没有强制推行个人所得税，但是规定了仅适用于雇员的工资税和员工福利税。依照属人管辖，柬埔寨的居民纳税人应就其来源于全球范围的工资收入向柬埔寨政府交税。对于非居民纳税人，柬埔寨政府则行使属地管辖权，仅就其来源于柬埔寨的工资收入征税。2021年9月8日，柬埔寨经济和财政部发布的第543号指引生效。该指引废除此前于2003年12月31日就一直实行的第1173号指引，并确立了关于在柬埔寨征收工资税和附加福利税的最新规则。依据新的规定，具备以下条件之一的就被认为是居民纳税人：（1）在柬埔寨拥有住所（如楼房、宿舍、公寓等，无论是自己所有还是租用）；（2）在柬埔寨的主要居所具有停留的性质和形式（如经济活动中心、停留时间、有银行账户、参与社会活动等）；（3）在一个纳税年度内（12个月），在柬埔寨一次或多次实际停留时间累计超过182天。此外，第543号指引进一步加强了柬埔寨《税法》第42条关于居民和来源地规则的规定。对于在柬埔寨境内提供技术和其他服务的非居民纳税人，如果工资付款人不在柬埔寨境内，则不受柬埔寨《税法》的约束。这适用于在柬埔寨从事短期业务工作（少于6个月）、工资由其本国承担的雇员。与此同时，第543号指引还加强了申请外国税收抵免的机制，以缓解双重征税的问题。这与目前跨国公司开展业务分配和借调安排的趋势相关。

在柬埔寨，雇主须在每月发放工资前为其雇员代扣工资税，并要在下个月15日前上交国家税务部门。应税工资收入包括酬金、工资、奖金和加班费等。居民纳税人工资税税率采用累进式，最高边际税率为20%。非居民纳税人的工资税则适用20%的统一税率。2023年1月1日生效的第

196号次级法令对居民纳税人月工资税的应税阈值进行了调整。2023年1月1日之后，居民纳税人的月工资税率调整为：月收入为0至1500000瑞尔，税率为0%；1500001至2000000瑞尔，税率为5%；2000001至8500000瑞尔，税率为10%；8500001至12500000瑞尔，税率为15%；超过12500000瑞尔的，税率为20%。此外，免征工资税的收入包括：（1）专业费用的实际返还；（2）符合《劳动法》规定的裁员赔偿；（3）符合《劳动法》规定的具有社会特征的附加激励措施；（4）符合特定条件的制服和专业设备；（5）符合特定条件的固定津贴（不得超过国家给予同一工作的数额）。

雇主直接或间接给予员工发放的福利（现金或实物）要按照其市场价值的20%缴纳员工福利税。应税的员工福利主要包括：供私人使用的机动车辆；伙食；住宿（包括水电费和家庭受雇人员）；与工作不直接相关的培训教育援助；对员工子女的教育援助；差旅费用（包括休假）；低息贷款；人寿和健康保险费（除非不论工种提供给所有雇员）；超过法律规定数额的社会保障基金捐款；养老基金费用（不包括附加福利，超过月薪的10%）；娱乐费用；公司股票或股票期权。同时，雇主有义务每月对员工福利税进行预扣并上交GDT。

（三）其他税种

1.财产税（Property Tax）。

财产税又称为不动产税（TOIP）。此税收是针对不动产征收的，包括土地、房屋、楼宇和其他在土地上建造的建筑物。其目的是在鼓励土地合理使用的同时使地方财政预算受益。不动产所有人须在每个纳税年度的9月30日前缴纳该项税收。财产税每年按财产税率0.1%收取。税基是不动产价值抵减25000美元后的价值。不动产的价值由经济和财政部建立的财产评估委员会根据市场价格确定，受建筑物类型、楼层、物业的特定区域（主道还是辅道）和建筑物年龄的影响。一般而言，超过10年的建筑和公寓楼的税赋会较高。

2.印花税（Stamp Duty）。

印花税又被称为登记税或转让税，是针对特定类型财产的转让登记和由买方登记的特定类型文件征收，适用于合并，解散，不动产、资产和股份的转让。

印花税的征收具体如下：建立、解散或合并企业有关的特定法律文件，征收1000000瑞尔（约250美元）；转让不动产（如土地和车辆）所有权或占有权时，税率为该不动产价值的4%；转让公司全部或部分股份时，税率为该股份价值的0.1%；使用国家预算购买产品时，税率为该合同价值的0.1%。但2023年5月颁布的新《税法》对此作了新的补充，规定：任何公司直接或间接拥有的房地产超过公司总资产的50%的，将被定义为“房地产公司”；一旦其现有股东转让股权，须缴纳的印花税税率为4%，而非0.1%。

免征印花税的情形包括：以政府特许的形式获得的所有权或土地占有；从亲属处获得的所有权或不动产占有，适用于配偶、父母和子女或祖父母和孙子女之间的转让；获得功率可达150马力的所有类型摩托车、三轮车、拖拉机和渔业车辆的所有权。

3.闲置土地税（Tax on Unused Land）。

闲置土地税是针对那些由闲置土地评估委员会（Unused Land Appraisal Committee，缩写为ULAC）征税的城市和地区，对位于该区域内未使用土地或废弃建设用地进行征收（1200平方米以内部分免征）。目的在于鼓励业主充分利用在特定城市重要地段占有的高价值的土地。ULAC于每年6月30日以每平方米土地的市场价值来确定税基；税率为2%。闲置土地的业主于每年9月30日前缴纳闲置土地税。

4.特定商品和服务税（Special Tax on Certain Merchandise and Good）。

特定商品和服务税针对部分本地生产或进口的商品和服务进行征收。在2023年5月颁布的新《税法》中，该税种名称改为“特别税”。生产或供应这些商品或服务的本地纳税人负责在供应完成后的下个月20日前向税务管理部门缴纳该税款。而对于进口产品，特定商品和服务税则最迟于进口时要缴纳。例如：在柬埔寨销售的本地和国际机票，税率为销售价格的10%；娱乐服务的税率为10%；本地生产的特定碳酸饮料和类似的非酒精饮料，税率为10%；电信服务税率为3%；本地生产的所有类型的葡萄酒产品，税率为35%；本地生产的所有类型的啤酒产品，税率为30%；本地生产的香烟、雪茄和各种烟草，税率为20%。

5.股息分配附加税（Advanced Tax on Dividend Distribution）。

从税前利润（未分配利润）中分配给居民或非居民股东的任何股息须缴纳股息附加税。利润分红适用20%的股息分配附加税。这部分税收成本可列支为公司成本费用抵扣公司利润。2020年的《财务管理法》对股息分配附加税规则作了以下修订：企业在向本地或外国股东分配扣除利润税前的红利时适用股息分配附加税（不适用于在免税期的QIP实体[①]），等同于乘以年利润税税率后的累计红利数额；已经缴纳的股息分配附加税可以抵扣同年的利润税；对已经就股息分配支付了股息分配附加税的企业，将不会再对其之后的股息分配征税；股息分配附加税不适用于柬埔寨的一般保险费和有关财产及其他相关风险的再保险。值得注意的是对于那些将利润汇回其总部的外国分支机构，如果汇回的利润扣除了已缴纳的利润税，则免除股息分配附加税；如果未缴纳利润税，则适用股息分配附加税。如果柬埔寨分公司将应纳税所得汇回其海外公司的，将被视为非居民纳税人；根据《税法》的最新规定，通过常设机构开展的商业活动所得应缴纳14%的预扣税。

6.进出口关税（Import and Export Duties）。

柬埔寨的进出口主要受2007年的《进出口管理法》约束。在出口方面，除天然橡胶、宝石、半成品或成品木材、海产品、砂石等5类产品

---

① QIP（Qualified Investment Project）即合格投资项目，是经柬埔寨发展理事会认证的企业。

外，一般出口货物不需缴纳关税。有一些物品被禁止出口或严格限制，如古董、麻醉品和有毒材料、原木、贵重金属和石头、武器。为保护国内资源及产业发展，柬埔寨对部分出口产品适用的出口关税税率如下：天然橡胶适用2%、5%和10%三档税率；加工木材税率为5%和10%（税率高低取决于加工程度和类型）；鱼类、甲壳类动物，软体动物和其他水产品以及未切割（未经加工）的宝石税率为10%。

所有进口货物在柬埔寨入境时均须征收进口税，除非进口货物根据经修订的新《投资法》、国际条约或其他特别条例享有关税豁免待遇。目前，进口税率根据进口到柬埔寨的进口商品类型分别为0%（政府政策规定不征收关税的商品）、7%（初级产品、原材料）、15%（用于机械制造的零件或半成品）、35%（政府予以特别保护的产品或制成品）和50%（高档奢侈品）。柬埔寨是世界贸易组织的成员，与东盟和其他国家签订有许多自由贸易协定。从其他东盟国家和其他有利国家进口的各种产品都实行优惠关税。

7.资本利得税（Capital Gains Tax）。

2020年柬埔寨国家税务总局发布《关于资本利得的第346号法令》；同年10月9日，柬埔寨政府决定将资本利得税的实施日期推迟到2022年1月1日，以便给纳税人和公众足够的时间来理解资本收益税的适用并确保其顺利实施。2022年3月，柬埔寨政府决定再度延迟征收资本利得税2年，即直到2024年1月1日起才开始征收，旨在促进当地经济发展。值得注意的是，如果开征资本利得税，受到影响最大的将会是房地产行业。

资本利得税适用于居民纳税人和非居民纳税人。计划原定将从2021年1月1日起征收的资本利得税税率为20%。税务居民从事的资产买卖活动，包括房地产（包括土地及土地上建造的房屋或建筑物）、资产租赁、资产投资（包括私营企业发行的股、债券和证券）、商誉（包括许可证、客户清单和品牌名称）、知识产权、外币等都将被征收资本利得税。但政府和外国大使馆资产，税务居民拥有的常住居所（仅限一间，且持有时间至少5年），印花税中所规定的亲属间不动产销售和转移（包括兄弟姐妹间、父母与子女之间、岳父母与儿媳和女婿之间及外祖父母与曾孙媳、曾孙女婿之间），以及《征收法》中为公共利益而出售、转让的不动产等可豁免征收资本利得税。

根据柬埔寨于2020年8月1日签发的部门规章，税务居民需在资产交易后的3个月内，向柬埔寨国家税务总局申报和缴纳资本利得税。资产买卖活动中所付出的必要开支，包括合同费、印花税、财产税、土地证收费、中介费、闲置土地税、产业估价费、贷款利息、保养和装修费等，可在保留证明文件和未保留证明文件的两种情况下抵扣资本利得税，即纳税人可选择“基于实际费用抵扣”或“基于确定费用抵扣”。保留证明文件的抵扣又称为实际费用扣除法，就是将销售收入减去在该房产上卖方实际发生的费用，以得出实际应付的资本利得税。未保留证明文件的抵扣又称为基于定额的扣除方法，即取销售额的80%，并将它从整个销售额中减去，所得结果作为资本收益，其中20%就是应缴的资本收益税。纳税人可以选择采取基于实际费用或基于确定费用的80%的扣除方式，以较低的纳税基数进行纳税。

三、柬埔寨避免双重征税及多双边经贸协定

迄今为止，柬埔寨已分别同新加坡、泰国、中国、越南、文莱、印尼、马来西亚、韩国和土耳其等9个国家和中国香港、中国澳门等2个地区签署了《关于避免双重征税和防止偷漏税的所得税协定》。柬埔寨目前还正在同菲律宾、日本、老挝和阿拉伯联合酋长国等谈判签署相关协定。

1999年，柬埔寨加入东盟。作为东盟成员，柬埔寨签署了一系列区域投资协定，包括《东盟全面投资协定》《东盟—香港投资协定》《东盟—印度投资协定》《东盟—中国投资协定》《东盟—韩国投资协定》等。2004年，柬埔寨成为世界贸易组织成员。加入东盟和WTO这两个区域和国际组织使柬埔寨的重要关税得到减让，柬埔寨进一步参与到区域和全球范围

的自由贸易之中。

2017年，柬埔寨与欧亚经济联盟（EAEU）就关于建立自贸区可能性展开首轮会谈。2019年，柬埔寨与欧亚经济联盟进行自由贸易协定谈判。2020年11月15日，东盟十国以及中国、日本、韩国、澳大利亚、新西兰15个国家，正式签署《区域全面经济伙伴关系协定》（RCEP）。该协定已于2022年1月1日正式生效。RCEP的顺利签署，对增强各国疫后经济恢复、促进长期繁荣发展具有重要的推动作用。

由于柬埔寨是“最不发达国家”[①]，全球许多重要的出口市场都消除对柬埔寨的贸易壁垒。目前，美国、欧盟、日本等28个国家和地区给予柬埔寨普惠制待遇（GSP），对柬埔寨出口产品给予普遍的、非歧视的、非互惠的优惠关税。柬埔寨还与27个国家签订了双边投资条约，分别为奥地利、孟加拉国、白俄罗斯、中国、克罗地亚、古巴、捷克、朝鲜、法国、德国、匈牙利、印度、日本、科威特、老挝、马来西亚、荷兰、巴基斯坦、菲律宾、韩国、俄罗斯、新加坡、瑞士、泰国、土耳其、阿联酋和越南。

2020年7月，中国与柬埔寨完成自由贸易协定谈判。《中华人民共和国政府和柬埔寨王国政府自由贸易协定》已于2022年1月1日正式生效。中柬自贸协定是中国对外商签的第十八个自贸协定，是中国与最不发达国家商签的第一个自贸协定，也是疫情暴发后中国商签的第一个自贸协定。与此同时，中国也是第一个与柬埔寨签署自贸协定的国家。根据该协定安排，双方货物贸易零关税产品税目比例均将达到90%以上，双方还将加强在服务贸易、投资、“一带一路”倡议、电子商务、经济技术等领域合作。此外，柬埔寨与韩国、印度及英国的自贸协定谈判也在积极筹备中[②]。

---

① “最不发达国家”根据四项关键标准评定，即低收入（人均年收入低于745美元）、人口少于7600万人、脆弱的经济体和人力资源不足。

② 本节数据统计截至2022年12月。

第二节　赴柬投资税务筹划需考量的因素

柬埔寨的投资鼓励和优惠政策主要有三种类型，即特殊行业优惠政策、合格投资项目优惠政策、经济特区优惠政策。本节将主要从这三个角度探讨赴柬投资税务筹划问题。

一、特殊行业优惠政策

针对符合鼓励投资项目的企业，柬埔寨政府给予诸多鼓励和优惠政策，如合格投资项目（QIP）优惠政策（将在本节第二点予以详细介绍）。柬埔寨鼓励外商投资的重点领域：创新和高科技产业；出口导向型产业；旅游业；农工业及加工业；基础设施及能源产业；促进各省及农村发展的产业；环境保护、创造就业机会的产业；在依法设立的特别开发区投资。投资者在选择赴柬投资领域和行业时除了要考虑利润空间，还要研究柬埔寨的鼓励外商投资产业目录以及限制或禁止投资领域清单，尽量选择投资当地政府鼓励的行业和领域，以享受最大的税收优惠。

2021年10月15日，柬埔寨新《投资法》正式生效[①]。新《投资法》共

① 旧版《投资法》于1994年获得通过，2005年曾扩大该法的优惠覆盖范围。

有12章42条，旨在吸引投资商和改善柬埔寨的投资环境。它对柬埔寨各产业进行重新分类。为了鼓励扩大国内和国外的投资，符合国家发展需求目标的产业将被归入特殊类别，享有更多投资优惠。根据新《投资法》第24条的规定，以下19类投资领域或投资活动将获得鼓励：具创新及研究发展的高科技产业；提供具附加值、创新和高竞争力的新兴产业或制造业；农业、旅游、制造相关的支持性产业、服务于区域和全球生产链的产业以及与连接供应网的产业；电气和电子产业；备件装配及安装产业；机械与机器产业；服务于国内市场或出口的农业、农工业、农产品加工业和食品加工业；优先领域中的中小企业、中小企业集群发展、工业园、科技和创新园区；旅游业及与旅游相关的活动；经济特区的发展；数字产业；教育、职业培训和提高生产力领域的投资；卫生领域的投资；发展实体基础设施；对物流领域的投资；对环境、生物多样性管理保护以及循环经济的投资；对绿色能源及有助于适应和减缓气候变化的科技领域的投资；在柬埔寨政府认为具有社会经济发展潜力的，而新《投资法》未列出的其他领域投资活动。根据新《投资法》第25条的规定，前述第24条所述的未列入负面清单①的行业和投资活动，在获得合格投资项目资格的注册证书后，应获得全部或部分的基本税收和/或关税优惠。

二、合格投资项目优惠政策

较大力度的税收优惠是柬埔寨新《投资法》的一大亮点。尤为值得关注的是，新《投资法》中鼓励投资领域的合格投资项目将享有投资奖励，包括长达9年的“免税假期”、进口原材料和生产机械税务减免等。投资者到柬埔寨投资开公司或建厂，如符合条件首先要考虑申请合格投资项目（Qualified Investment Project，缩写为QIP），被认定为合格投资项目后可以

---

① “负面清单”管理模式是指政府规定哪些经济领域不开放，除了清单上的禁区，其他行业、领域和经济活动都对外资开放。

享受多种柬埔寨优惠政策和投资激励。

（一）合格投资项目的类型

合格投资项目是获得柬埔寨发展理事会或省市投资委员会颁发最终注册证书（Final Registration Certificate，缩写为FRC）的税收优惠投资项目。合格投资项目有三种类型：（1）国内导向型合格投资项目，即不服务于出口的合格投资项目；（2）配套工业型合格投资项目，即全部（100%）产品供应出口产业以替代通常需进口的原材料或零件的合格投资项目；（3）出口型合格投资项目，即将其任意比例的产品出售或转让给柬埔寨以外的买家或接收者的合格投资项目。合格投资项目作为柬埔寨的主要投资优惠政策，投资人首先需确定投资行业是否属于鼓励行业及有没有可能属于鼓励行业，然后再确定合格投资项目对本行业的具体要求，按要求事先规划相关工作，根据税务优惠政策做好税务筹划，最大限度地享受鼓励政策，降低税务成本。

合格投资项目申请采取负面清单制，未在负面清单内的项目，原则上均可申请合格投资项目。负面清单包含的项目主要如下：（1）各种商业活动、进口、出口、零售，包括免税店；（2）所有交通运输服务，包括水运、陆运、空运，但铁路领域投资除外；（3）饭店、卡拉OK、酒吧、夜总会、按摩店、健身馆等；（4）提供旅游业服务者、旅行社、旅游资讯和广告服务；（5）赌场和赌博业；（6）经营货币、金融业务及服务，包括银行、金融机构、保险公司等；（7）经营报刊及媒体业务，包括电台、电视台、新闻、杂志等；（8）通过自然森林的木材作为原料生产或加工的木制品；（9）面积小于50公顷的综合性场所，包括主题公园、动物园等；（10）三星级以下酒店；（11）对各类电信服务提供增值服务；（12）房地产开发；（13）停车场；（14）仓库中心。

此外，以下行业须满足一定条件（一般为满足一定投资金额）方可申请合格投资项目：食品和饮料、纸制产品、化学品、水泥、农肥、橡胶制品、皮革、金属产品、家电、车辆配件、农产品、水产、饲养家畜等生产制造。

（二）合格投资项目的税收优惠政策

合格投资项目在获得注册后，可以在两种基本鼓励选项中做选择：免征企业利润税和使用特殊折旧。（1）免征企业利润税：根据《财政管理法》及相关法令的规定，针对具体投资领域和活动，从首次收入开始获得3至9年的利润税免税期；免税期后再继续享受6年的按累进税率纳税的权利（前2年按应缴税款的25%纳税，接下来2年按应缴税款的50%纳税，后2年按应缴税款的75%纳税）；同时免预缴利润税、最低税豁免（通过应有的独立审计报告）、出口税全免（但现行法律另有规定的除外）。（2）使用特殊折旧：在长达9年的优惠期限内，以特别折旧率分摊资本折旧费用，以及部分支出享有最高至200%的税务回扣；同时享有在某一个具体时间内预缴利润税款的豁免［根据财政法和/或法令中规定的行业和投资活动］、免最低税（通过应有的独立审计报告）、出口税全免（但现行法律另有规定的除外）①。

除了以上优惠政策，出口型合格投资项目和配套工业型合格投资项目还有权获得对建筑材料、施工设备、生产设备和生产投入的进口免征关税、特别税和增值税的权利；国内导向型合格投资项目有权获得对建筑材料、施工设备和生产设备的进口免征关税、特别税和增值税的权利，对生产投入的激励措施应在《财务管理法》和/或其下属子法令中确定。

获得注册的合格投资项目还可获得以下鼓励政策：（1）为实施合格投资项目而购买当地生产的生产投入产品的，免征增值税。（2）有以下任何活动的，均可获得150%的税务基础上的开支抵扣：调研、开发和创新；通过向柬埔寨工人/雇员提供职业培训和技能来开发人力资源；为工人/雇员建造宿舍楼、出售价格合理的食品的食堂或美食城、托儿所和其他设施；以服务于生产线的机械升级改造；为柬埔寨工人/雇员提供的福利，

① 柬埔寨新《投资法》第26条。

例如提供从家到工厂的舒适交通工具。(3) 符合法令规定的扩展合格投资项目（Expanded Qualified Investment Project，EQIP）也将获得利润税的豁免[①]。扩展合格投资项目具体是指合格投资项目任何形式的扩张，包括：现有生产的扩张；通过在同一产品线内的产品线多样化进行扩张；通过使用新技术来提高生产力或保护环境的扩张；服务于基础电信服务的基础设施的扩张；由其他法令规定的任何其他形式的扩张。

除以上激励措施外，任何对国民经济发展有巨大潜力的具体部门和投资活动，还可以得到《财务管理法》规定的具体特别激励[②]。

（三）合格投资项目的管理和审批

若要注册合格投资项目，投资者须向柬埔寨发展理事会（投资额高于200万美元的项目）或省市投资委员会（投资额低于200万美元的项目）提交书面申请，并根据新《投资法》的规定获得最终的登记证书（Registration Certificate）。投资者的申请也可以通过信息技术平台递交。在收到投资项目的注册申请后，柬埔寨发展理事会将通过单一窗口机制（The One-Stop Service Mechanism）对申请进行审查和决定。如果该申请的投资项目不在法令另外规定的负面清单上，柬埔寨发展理事会应在不超过20个工作日内向申请人出具登记证书[③]。省市投资委员会受理的投资项目注册程序由其他单独下属子法令规定。需注意的是，合格投资项目是颁发给具体项目，而非投资者个人或企业。如果一家企业同时拥有合格投资项目和非合格投资项目，则只有合格投资项目才享有以上优惠政策。而且，所有合格投资项目每年都必须从柬埔寨发展理事会取得合规证书（Certificate of Compliance，简称CoC），才能享有优惠政策。合规证书是合格投资项目遵守了柬埔寨所有税法和投资法规的证明。

---

① 柬埔寨新《投资法》第27条。

② 柬埔寨新《投资法》第28条。

③ 柬埔寨新《投资法》第12条。

三、经济特区优惠政策

投资者赴柬埔寨投资设立企业或建厂，选址很关键。在选择投资具体地点时，需要考虑柬埔寨政府制定的不同地区税负差别化的税收政策和税收优惠待遇。在其他条件相同的情况下，优先考虑在税负低的地区建厂、设立企业。此时，柬埔寨境内的经济特区是投资者的首选。

柬埔寨经济特区可以由国家或私人，或国家与私人合营，策划创办；是为发展经济领域而将所有产业和其他相关活动汇集在一起的特殊地区，包括通用产业区和/或出口加工区。每一个经济特区都设有生产区和自由贸易区、服务区、住宅区和旅游区。根据新《投资法》的规定，位于经济特区的合格投资项目有权获得和其他合格投资项目相同的法定优惠政策和待遇。经济特区实行与柬埔寨其他地区不同的商业和贸易法规，为每个区域内的企业提供一系列财政激励措施及便利服务，包括利润税、关税和增值税优惠等。为了让企业提高效率，经济特区还提供关键基础设施，例如备用电源、排污和供水、道路和设海关、税收和其他政府代表机构。特别经济区由柬埔寨发展理事会下设的一站式服务机构——柬埔寨经济特区委员会负责开发、管理和监督。柬埔寨经济特区委员会设立经济特区管委会作为一站式现场服务机构常驻于各经济特区。

经济特区享受的税收优惠政策主要包括：（1）经济特区的开发商享受最长可达9年的利润税豁免，以及经济特区内基础设施建设使用的设备和建材的进口税和其他赋税的豁免；（2）经济特区内的投资企业享有与其他合格投资项目同等享受关税和税收优惠的权利，以及产品出口国外市场的，免征增值税（产品进入国内市场的，应根据数量缴纳相应增值税）[①]。

柬埔寨西哈努克港经济特区（以下简称西港特区）建立于2006年，是通过中华人民共和国商务部、财政部确认考核的合作区之一，也是中柬

① 《对外投资合作国别（地区）指南 · 柬埔寨（2021年版）》，https：//www.invest-go.cn/upfiles/swbgbzn/2021/jianpuzhai.pdf。

两国政府认定的唯一中柬国家级经济特区，是“一带一路”标志性项目和合作共赢样板园区。西港特区的税收优惠政策：免征出口税；用于生产的机械设备、建筑材料、零配件、原材料等免征进口税；6至9年免征企业利润税，免税期过后利润税税率为20%；生产设备、建筑材料等免征增值税。其他优惠政策还包括：特区土地租赁期为30至50年，不实行外汇管制，允许外汇资金自由进出。此外，园区还为企业提供柬埔寨发展理事会、海关、商检、商务部、劳工局、西哈努克市政府代表入区办公的“一站式”服务和人力资源、培训、金融、法律咨询等配套服务[①]。

① 中国国际贸易促进委员会境外产业园区信息服务平台，https：//oip.ccpit.org/ent/parks-introduces/46。

第三节 赴柬投资报税合规关键点分析

赴柬埔寨投资的税务风险主要是基于当地的税收制度和政策，在税收审计的过程中查出的因报税不合规等而导致的补税、罚款，甚至刑事责任。赴柬投资报税合规关键点如下所示。

一、税务登记和报告

柬埔寨实施严格的税务注册登记制度。根据柬埔寨法律规定，一旦企业在商务部登记，就必须到金边或省的税务部门登记，根据登记地址登记税务识别号码（TIN）。具体要求：公司应在开始运营或在商务部注册登记起的15天内向税务部门办理税务登记。登记注册也可以通过网上税务登记系统办理。注册登记时，董事会主席、股东或公司董事须亲自前往税务局递交照片、扫描指纹、填写申请表并提供税务局要求的其他文件。如果企业未进行税务登记，将被视为妨碍执行税收行为，可被处以5000000瑞尔以上10000000瑞尔以下的罚金或（和）被判处1个月以上1年以下监禁。此外，依照柬埔寨《税法》第133条规定，如果企业存在妨碍执行税收的行为，还要额外缴纳2000000瑞尔的附加税[①]。柬埔寨国家税务总局（GDT）对税务注册申请文件有严格要求，例如打印质量、护照/身份证复印件和照片清晰度等。因此，企业应详细了解GDT要求，以确保注册不会被否决或延误。而且，企业对和税务事项有关的变更，例如变更地址、董事/股东等，必须在15天内向税务主管部门申报，以更新其税务注册。若未及时报告，将被视为妨碍执行税收，处以和以上一样的处罚。

特别值得注意的是，如果企业未依法办理税务登记，税务主管部门可以依职权主动给企业办理税务注册登记，而且有权决定注册的生效时间。例如，A公司是一家外资制衣公司，自2019年6月开始在柬埔寨开展制衣业务。GDT于2019年10月发现A公司在柬埔寨未办理税务登记注册。GDT认为A公司是从2019年6月开始在柬埔寨设立常设机构，因此依职权为A公司强制办理税务注册，并以2019年6月作为其注册有效日期。随后，GDT依法对A公司展开税务审计，并发出税务重新评估通知，以追讨漏报和漏缴的税款，另加罚款和利息。追算日期从2019年6月开始。需要注意的是，如果GDT无法从A公司获取信息，则有权要求与A公司有业务往来的相关第三方提供。GDT还可成立税务犯罪调查小组，对上述案件展开逃税调查。税务犯罪调查小组在调查过程中，有权在警方的协助下，将嫌疑人扣押在警局[②]。

此外，由于大部分政府机构和私人企业在与一家企业进行生意来往前，会要求该企业提供增值税和专利税证书，因此，一家企业在未取得由国家税务部门颁发的上述文件之前，将无法开展商业活动。具体而言，在增值税登记方面，企业必须在投资进出口业务开始前或者登记注册为应纳

① 《中国居民赴柬埔寨投资税收指南（2018）》，中华人民共和国国家税务总局网站，http://www.chinatax.gov.cn/chinatax/n810219/n810744/n1671176/n1671206/c2582023/5116199/files/2c36de6702414176a4c42f12a6b8e4b3.pdf。

② 《中华人民共和国商务部：柬埔寨税务行政系统综述（一）》，中华人民共和国商务部网站，http://cb.mofcom.gov.cn/article/ddfg/202007/20200702987882.shtml。

税人员之日起30日内登记增值税。公司通常在办理企业登记的同时登记增值税。如果公司没有增值税证明，则不能从事货物进出口业务。依照柬埔寨《税法》第76条第2款的规定，凡未按规定登记增值税的，税务行政机关可自该实体本应登记之日起为其办理登记。自登记之日起，被登记的实体应当缴纳柬埔寨《税法》第64条规定的全部税款。此外，新设立的公司、分支机构或代表机构必须在从商务部取得营业证明后的15日内到税务部门当地税务分支机构登记并缴纳印花税（登记税）。而且，企业在注册申请税务识别号码（TIN）的同时，还必须申请并支付专利税。

二、纳税申报

柬埔寨企业有义务按照月度或年度向柬埔寨税务部门进行纳税申报。企业的税收方面，纳税人必须在纳税年度结束后3个月内通过柬埔寨国家税务总局的电子填写系统申报并缴纳年度企业利润税（所得税）。每月报税单及预缴所得税，必须在下个月20日前或下个月25日前提交。纳税人必须通过GDT的电子申报系统提交他们每月的纳税申报单。未提交、逾期申报或提交欺诈性申报的将受到处罚。依照柬埔寨《税法》第132条的规定，纳税人因逾期和少缴税款将面临10%、25%或40%的罚款，以及逾期和少缴税款2%的每月罚息。纳税人可以要求进行税务裁决，以澄清其具体的税务问题。以2022年所得税年度申报为例，柬埔寨2022标准纳税年度期限为2022年1月1日至2022年12月31日。纳税人必须在2023年3月31日或非标准纳税年度的企业纳税年度结束后3个月内通过电子申报系统向GDT提交2022年度所得税申报和相关的所得税或最低税付款收据。此外，在当地设有分支机构的自评纳税人（在GDT注册的纳税人）必须提交一份合并的2022年度所得税申报表，并在申报表中附上各自当地分支机构的财务信息。同时拥有合格投资项目（QIP）和非合格投资项目活动资质的自我评估纳税人必须根据2016年10月11日的第1127号法令提交其2022年度所得税申报表。所有向GDT提交2022年度所得税申报表的自我评估纳税人都必须提交包括资产负债表、损益表和2022纳税年度进行的任何关联方交易在内的附件清单①。

针对雇员的工资税方面，雇主负责从员工的薪酬中扣缴工资税，并每月将税款汇给GDT。员工不需要直接向税务机关支付工资税的费用。值得注意的是，不遵守规定是对雇主加以处罚，而不是对雇员。罚款和利息与以上针对企业税务不合规的处罚一样。

三、税务审计

柬埔寨的税务审计分为两种：一种是税务主管部门每年的审计；另一种是依法进行的企业外部审计。依照柬埔寨《税法》规定，税务部门有权对纳税人的活动进行审计，并对纳税人不遵守税法和税收规定的税款进行重新评估。在调查令发布后，税务行政部门可以进入以下场所评估纳税人必须缴纳的税款，在营业时间或根据法官发出的执行令中所述的条件和理由所规定的任何其他时间进行征缴税收：（1）商业机构；（2）被认为是商业场所的地方；（3）对公众开放的地方；（4）其他场所。柬埔寨国家税务总局（GDT）有权在收到每月或每年的纳税申报单后的3年内对税务进行重新评估。但是如果有证据证明纳税人妨碍税收规定的实施，则该期限可延长至10年（根据柬埔寨经济和财政部2019年3月13日颁发的270号法令，改为5年，但获得经济和财政部同意后，可以延长）。妨碍的定义非常广泛，甚至包括未能在30天之内进行报税等。因此，在很多情况下，都可以进行10年的税务重新评估。

企业的外部审计，又被称为独立审计。2020年7月10日，柬埔寨经济和财政部发布第563号部长令，要求相关企业向柬埔寨注册会计师协会成员并经国家会计委员会颁发许可证的审计师提交财务报告，以进行独立审

① 《柬埔寨2023年度合规义务》，http：//www.chinagoabroad.com/zh/article/cambodia-2023-annual-compliance-obligations。

计的程序并出具相关审计报告。根据柬埔寨相关法律法规的规定，以下商业实体在每一会计年度均须进行独立审计：(1) 上市企业，即在证券交易所上市交易的股份有限公司。(2) 有披露义务的公司，即具有公共责任的企业，包括银行、保险公司以及其他拥有在国内或国际股票市场交易的债务工具或权益工具的企业。(3) 依据《投资法》向柬埔寨开发委员会登记的合格投资项目。(4) 同时满足以下三项标准中的两项标准的企业——①年营业额达到40亿瑞尔（约100万美金）或以上；②资产总额达到30亿瑞尔（约75万美金）或以上；③年平均雇员人数达到100人或以上。非营利组织满足以下条件的，也须在每一会计年度进行独立审计：(1) 年度支出总额达到20亿瑞尔（约50万美金）或以上；(2) 年平均雇员人数达到20人或以上。不符合上述两项条件的非营利组织可以自愿提交财务报告进行独立审计。符合条件的有独立审计义务的实体，即使不再符合标准，也必须至少3个会计年度进行独立审计。如果一个有义务进行独立审计的企业，在其上一个会计期间结束后连续12个月停止商业活动或经营活动，则该企业可向国家会计委员会提出请求，要求其不进行财务报告的审计。独立审计报告的出具应当在会计期间结束之日起6个月内完成。在无法完成的情况下，企业可以请求国家会计委员会延期，并提供适当的解释。如果企业不遵守第563号部长令规定的义务进行审计，将受到国家会计委员会的罚款。触犯柬埔寨《会计和审计法》(Law on Accounting and Auditing) 的企业（盈利或非盈利），将会面临巨额罚款。

四、税务反规避政策

国际避税是指跨国纳税人利用两个或两个以上的国家的税法和国际税收协定的差别、漏洞、特例和缺陷，规避或减轻其总纳税义务的行为。反避税则是国家采取积极的措施，对国际避税加以防范和制止。柬埔寨没有通用的反避税规则，但是有部分相关的特定制度，以下主要介绍转移定价方面的要求及风险点。

转移定价是指关联企业之间或跨国公司内部的母公司与子公司之间、子公司与子公司之间提供产品、劳务或技术所采用的定价。在跨国经济活动中，利用转移定价进行避税已成为一种常见的避税方法。其一般做法：高税国企业向其低税国关联企业销售货物、提供劳务、转让无形资产时制定低价；低税国企业向其高税国关联企业销售货物、提供劳务、转让无形资产时制定高价。这样，利润就从高税国转移到低税国，从而达到最大限度减轻其税负的目的。

现行的柬埔寨转移定价法规（2017年10月10日颁布的第986号法令）采用了经济合作与发展组织（OECD）准则中的5种转移定价方法：可比非受控价格法、转售价格法、成本加成法、利润分割法和交易净利润法。该法令并没有明确说明一家公司是否必须选择最合适的方法来进行比较和记录，但为关联方之间的交易编制转移定价文件提供了指导。关联方之间的交易必须遵守公平原则，纳税人必须进行可比性分析，以评估受控交易价格的公平性。对于基于公平条款达成的交易，此分析必须支持可比交易与受控交易没有任何可能影响市场价格的显著差异，或可以作出能消除任何显著差异的精确的调整。

以2023年柬埔寨企业合规义务中对提交2022年本地转移定价文件的要求为例，依照第986号法令，在2022纳税年度有关联方交易（RPT）的自评纳税人须遵守两项年度要求：（1）完成附于2022年度所得税申报表中的转移定价申报并将其提交给柬埔寨国家税务总局。（2）完成2022年本地转移定价文件，该文件的完成将在2022年度所得税申报表中得到确认。值得注意的是，有持续或新关联方交易的自评纳税人须针对每一纳税年度准备和递交一份独立的本地转移定价文件，即不能以2021纳税年度编制的本地转移定价文件作为2022纳税年度应递交的文件。而且，本地转移定价文件中使用的转移定价基准应每年进行测试，并在适当时进行更新，建议每3年全面更新基准分析。纳税人如果不遵守上述要求，将可能面临处罚。而且，如果没有本地转移定价文件来支持纳税人的关联方交易，GDT可以更容易地认定所支付或收到的款项不符合公平原则，继而采取重新评估税收、罚款和罚息等相应处罚措施[①]。

针对国际避税行为，除了以上关于转移定价的规定和要求外，柬埔寨没有确立正式的资本弱化规则（Thin Capitalization Rules）[②]，但有利息扣除方面的限制，即纳税人的年最高利息扣除上限为净收入的50%；未使用的部分可以连续5年结转，以抵扣未来的应税利润。此外，柬埔寨目前立法也没有确立反混合错配规则（Anti-Hybrid Rules）[③]、受控外国公司规则（Controlled Foreign Company Rules）[④]。

五、其他

（一）享受投资激励政策风险

在年度合格证书的申请方面，所有被认定为合格投资项目的柬埔寨企业都必须在获得最终注册证书后的每年3月31日之前，向柬埔寨发展委员会提交合规证书（CoC）的年度申请。如果获得合格投资项目认定的企业实体未能及时获取合规证书，则可能会失去投资激励，其中就包括税收优惠激励。

（二）法律变更和调查认定风险

柬埔寨的税收法律体系在日渐完善和规范，但是税收体系复杂，不仅

---

① 《DFDL说法：柬埔寨2023年度合规义务》，http：//www.chinagoabroad.com/zh/article/cambodia-2023-annual-compliance-obligations。

② 资本弱化是指纳税人为达到减少纳税的目的，通过多借债的方式，增加税前扣除的贷款利息，降低企业的税收成本。一些国家在税法中制定了防范资本弱化条款，对企业取得的借贷款和股份资本的比例作出规定，对超过一定比例的借贷款利息支出不允许税前扣除。

③ 反混合错配规则是一个关于反税基侵蚀和利润转移（BSPS）的举措。混合错配是指在两个或更多国家/地区法律体制下，对于公司实体或金融载体税务处理中产生的差异。若出现错配情况，将通过禁止抵扣或将金额纳入应税收入的方式取消税务效益。

④ 受控外国公司（CFC）规则作为国际反避税规则的一种，是为了打击本国税收居民（企业或个人）将全部或部分所得留存境外不汇回境内，从而不缴纳或者延期缴纳税款行为的规则。

包括税法，还包括柬埔寨国家税务总局及经济和财政部出具的部门法规、国王令等，经常出现变更；此外还存在法律法规不够清晰、相互矛盾、需要解释的情况。投资主体如果没能及时跟进法律法规的变化，就很有可能因免税期限、税率和征收范围等方面立法规定的变更给投资带来损失。而且，针对法律法规的冲突和解释，不同的税务部门分支机构很有可能作出不同的解释，税收也需要经过多重税收部门和机构的审核和调查。因此，在税务检查过程中，也可能因此产生税务风险。

（三）妨碍《税法》实施的风险

2023年5月颁布的新《税法》明确列出了13项被视为妨碍税法实施的行为，并加大对妨碍税收执行的处罚力度，见表1。

表1　妨碍税法实施行为及处罚力度①

<table>
<tr><th>编号</th><th>妨碍行为说明</th><th>处罚</th></tr>
<tr><td>1</td><td>未按照本《税法》和其他相关规定向税务机关登记</td><td rowspan="3">罚款500万瑞尔（约合1250美元）（第235条）</td></tr>
<tr><td>2</td><td>未通知税务机关任何与登记有关的信息变化</td></tr>
<tr><td>3</td><td>未提交税收申报</td></tr>
<tr><td>4</td><td>未使用税务机关确定的记录系统</td><td rowspan="5">罚款1000万瑞尔（约2500美元）（第235条）
重犯第1至8条所述行为，应根据第243条受到刑事处罚。</td></tr>
<tr><td>5</td><td>未开具发票</td></tr>
<tr><td>6</td><td>不提供信息或不提交所要求的报告</td></tr>
<tr><td>7</td><td>不允许税务机关检查会计记录或任何其他文件</td></tr>
<tr><td>8</td><td>未保存会计记录和其他文件</td></tr>
<tr><td>9</td><td>试图阻挠税收评估和征收</td><td rowspan="5">Ⅰ.监禁一个月至一年；及
Ⅱ.罚款5000万瑞尔（约12500美元）至1亿瑞尔（约25000美元）（第243条）</td></tr>
<tr><td>10</td><td>制作或提供虚假记录、文件、报告或信息</td></tr>
<tr><td>11</td><td>隐瞒或故意销毁会计记录、文件、报告或信息</td></tr>
<tr><td>12</td><td>开具假发票</td></tr>
<tr><td>13</td><td>不允许税务机关进入营业场所进行评估和征税</td></tr>
</table>

① 图表内容依据2023年5月颁布的新《税法》条款。《柬埔寨的新税法》，https：//www.lexology.com/library/detail.aspx？g=11278de3-2001-4636-af60-34101b0ccfcb。

案例：境外转移定价税收风险防范

随着各国税收监管力度的加强，中国跨境投资企业面临被境外税务机关实施转让定价调查及调整的税收风险也在日渐增加。以下以中国某市税务局在服务企业跨境投资过程中的帮助中国企业避免重大境外税收风险的一个成功案例为例。

一、案例背景

A企业成立于2002年，是由香港B公司100%投资的外资公司。2004年，A企业在柬埔寨金边市投资设立服装厂C公司。C公司2004年度境外营业收入为人民币113178元，但境外税前所得为人民币-24844万元。经咨询企业了解到，自2004年度起，C公司持续亏损，收入与成本呈“倒挂”现象。截至2014年底，C公司未在柬埔寨当地缴纳任何所得税税款。

二、税收风险分析

经过深入了解，C公司存在极大税收隐患，而且已经受到柬埔寨当地税务局的密切关注，随时可能被柬埔寨税务部门列入反避税调查范围。根据A企业提供的集团内部转让定价政策，结合C公司历年财务数据，中国该市税务局为C公司可能面临的国际转让定价风险进行了专业分析，并指出主要存在以下几项不利因素：

1. 交易形式全关联，C公司是由A企业100%投资控股的子公司，采购和销售均为集团内部关联交易。

2. 承担简单生产职能却长期亏损，有侵蚀当地税基、将利润转移至中国之嫌。

3. 关联交易不符合独立交易原则。通过对企业提供的历年关联采购和关联销售转让定价政策进行分析比对，发现C公司原材料采购成本加成率及产品售价均高于市场同类产品，不符合独立交易原则[①]。

4. 利润率指标低于可比企业中位值。通过公开数据库寻找可比企业，发现C公司的利润率水平远低于可比企业中位值。

经过分析，C公司基本符合进行转让定价调查的国际通用准则，被柬埔寨税务机关纳入反避税调查的可能性极高。若被调查及调整，企业将面临巨额的税款补缴。

三、风险应对预案

综合各项因素，主管部门建议该企业在保证税务合规的基础上，合理运用投资目的国税收优惠政策，合理控制税收损失。

1. 合理运用公司所得税免征优惠减少税收损失。根据当时有效的《柬埔寨王国投资法修正法实施细则》的规定，投资企业获利后，可免征3年公司所得税。根据投资行业的不同，投资企业还可以追加2年至5年的免税期。因此，即使企业经转让定价调整后获利，仍可享受3年至8年的所得税免征优惠，建议企业合理运用该项优惠政策，减少税收损失。

2. 合理运用再投资优惠政策控制损益。柬埔寨政府对于符合政府鼓励

---

① 独立交易原则是指没有关联关系的交易各方按照公平成交价格和营业常规进行业务往来遵循的原则。

的投资项目且取得的利润在柬埔寨境内进行再投资的企业，给予加速折旧税收优惠。根据柬埔寨新《投资法》的规定，C公司自身具备的劳动密集型产业属于为当地创造就业机会的政府鼓励的重点投资领域。因此，若企业经当地税务机关经转让定价调整后，可以通过再投资方式享受此项优惠，合理控制损益。

3.合理享受经济特区税收优惠。根据《柬埔寨关于特别经济区设立和管理的第148号法令》的规定，在政府设置的经济特区内进行投资开发的企业，可享受免缴公司所得税的待遇，免税期限最长为9年。C公司正处于柬埔寨政府设置的经济特区内，建议企业一旦被实施转让定价调整，应立刻启动该项优惠政策，将税收损失降至最低[①]。

① 《中国税务观察：境外投资转让案例》，http：//www.chinataxinsight.com/3238。

第六章
商事纠纷解决之道

怎样到RCEP成员国投资
柬埔寨篇

通常来说，跨境商事纠纷的解决包括诉讼、仲裁、调解三种主要途径。随着《承认与执行外国民商事判决公约》、联合国《关于调解所产生的国际和解协议公约》（又称《新加坡公约》）的签署以及加入《承认及执行外国仲裁裁决公约》（又称《纽约公约》）成员国不断增加，在跨境商事纠纷解决中，国际诉讼、国际仲裁和国际调解三足鼎立的多元化纠纷解决格局已然形成。一国商事纠纷的解决，涉及该国法律体系中针对商事纠纷解决机制的立法，司法组织的设置、职能、地位、人员、内外关系，以及司法运行的原则、制度及程序等方面规范。中国企业到柬埔寨投资过程中，若遇商事纠纷，应当综合考量各项纠纷解决途径的优势与不足，同时结合中国和柬埔寨的纠纷解决制度以及司法环境等因素，包括柬埔寨的司法制度、中柬两国签订的双边条约、中柬两国参与缔结的国际公约、司法文书在将来执行的可行性和便利性等，结合国际诉讼、国际仲裁和国际调解各自的特点进行分析比较，从而正确评估风险，选择适合的解决方式，才能实现在有效解决纠纷的基础上，保障企业商事利益的最大化。

第一节　中国企业在柬埔寨商事纠纷解决方式

柬埔寨是中国在东南亚的重要贸易伙伴，“一带一路”倡议的提出、RCEP的落地，为中柬两国贸易投资带来了新的发展机遇。近年来中柬双边经贸规模不断扩大，在电力、农业、旅游开发、经济特区、信息通信等领域的投资合作都已取得积极成果，中国已连续多年成为柬埔寨最大外资来源国。据2020年中方统计，中柬双边贸易额达到95.6亿美元。尽管受到新冠疫情挑战，但2021年中柬贸易额仍超过100亿美元，提前两年实现两国设定目标。2020年10月12日，中柬双方通过视频方式签署《中华人民共和国政府和柬埔寨王国政府自由贸易协定》，该协定于2022年1月1日生效实施。这是中柬双边经济关系的里程碑，该协定将成为柬埔寨出口助推器，助力柬埔寨后疫情时代经济复苏。

在外国企业对柬投资的项目数量及投资金额均不断增长的背景下，柬埔寨各类民商事活动日益频繁。在这一过程中，不可避免地会发生各式各样的矛盾纠纷。如何正确处理好这些纠纷，不仅关系到双方当事人的切身利益，且在较大程度上会影响到外国投资者的信心及各领域合作关系的健康发展。

一、诉讼

（一）柬埔寨法院体系概述

与绝大多数国家及地区相似，柬埔寨法律也经历了从不成文的习惯法到成文法的发展转变。有学者将柬埔寨法律发展分为古代法和现代法两个阶段。经过30年的战争和内乱，柬埔寨最终于1993年开始实施其国家重建计划。恢复法律和司法制度是该项计划中的重要内容之一。1993年，柬埔寨王国政府及其支持者计划着手对法律和司法制度进行改革，并先后设立法律改革委员会和司法改革委员会[①]。

2014年，《柬埔寨法院组织法》正式通过实施[②]。根据该法，柬埔寨确立了其法院体系由初级法院、上诉法院及最高法院构成；各级法院均有权对包括民事案件、刑事案件、行政案件在内的所有案件行使司法权[③]。

就法院系统而言，柬埔寨已架构起初、中、高三级组织体系，具体包括各省市地区法院及军事法庭（初级）、上诉法院（中级）、最高法院（高级）。其中，初级法院的常设审判机构包括行政审判庭、婚姻家庭审判庭、劳动争议审判庭及商事审判庭。根据《柬埔寨法院组织法》规定，各省市地区法院及上诉法院均有权对与案件有关的事实和法律适用问题进行审查；当最高法院审判庭由5名法官组成时，只对案件的法律适用问题进行审查，由9名法官组成时，则会同时审查案件的事实问题和法律适用问题。在柬埔寨，民商事纠纷可以按照法律规定的规则提交法院。

---

① 在柬埔寨法律和司法制度改革过程中，有部分国家及国际组织曾给予柬埔寨大量支持和帮助。其中，法国和日本分别参与编写了柬埔寨刑法和刑事诉讼法草案、柬埔寨民法及民事诉讼法草案，世界银行和亚洲开发银行则分别协助拟定了柬埔寨商业法和贸易法、土地所有权立法等。

② 《柬埔寨法院组织法》，于2014年5月22日经第五届国会第二次集体会议批准通过，于2014年6月12日经第三届议会第五次会议审核同意，于2014年7月2日经宪法委员会决定正式施行。

③ 《柬埔寨法院组织法》第3条、第4条。

（二）柬埔寨法院结构

1.初级法院。

初级法院是柬埔寨司法组织体系中设置的最低一级审判机关，包括各省、市法院及军事法庭。除军事法庭可有权管辖发生在柬埔寨全国范围内的与军人军事有关的案件外，各省、市法院只对其特定辖区范围内的案件具有审判权。各省、市法院一般应设民事和刑事两个分庭。由于法官资源缺乏，柬埔寨初级法院中，同一法官既受理民事案件也审理刑事案件的情况较为普遍。

军事法庭，在行政、财政和后勤方面隶属柬埔寨国防部。其虽设在柬埔寨首都金边，但依照审级，柬埔寨军事法庭仍为初级法院，对涉及军事犯罪的案件或任何侵害军事人员合法权益、武装部队财产安全的犯罪拥有专属管辖权。军事人员犯下的普通罪行由案件所属省、市法院管辖。

2.上诉法院。

上诉法院设在柬埔寨首都金边，具有管辖由各省、市法院或军事法庭递交的全国范围内各类上诉案件的权力，并同时对案件的法律适用问题及事实问题进行审查。因此，如果当事人一方对初审法院所做的判决或裁定不服的，可以通过原初审法院向上诉法院提起上诉。上诉法院组建由三名法官构成的审判委员会，在对初审法院可能遗漏的与案件相关的证据或事实进行补充调查后，可以维持、变更或核准初审法院的判决或裁定，其审判程序与初审法院审判程序一致。

3.最高法院。

最高法院同样设在柬埔寨首都金边，是柬埔寨最高审判组织，具有管辖全国范围内各类案件的权力。自1994年起，柬埔寨最高法院就开始针对由上诉法院提出的关于案件的法律适用问题进行审查，或在上诉法院对最高法院的裁决存在异议的情况下，同时对案件的法律适用问题及事实问题进行审查。柬埔寨最高法院由两个分庭组成，即民事审判庭和刑事审判庭。民事审判庭负责审理的案件范围包括民事纠纷、婚姻家庭纠纷、行政事务和劳动纠纷及商业纠纷等。刑事审判庭只处理刑事案件。

（三）柬埔寨民事诉讼程序

1.概述。

柬埔寨现代民事诉讼制度及其概念的确立，应当从柬埔寨第三届王国政府成立后颁布的《柬埔寨民事诉讼法》算起。2006年7月，日本协助柬埔寨起草《柬埔寨民事诉讼法》，并经柬埔寨第三届国会批准、第二届议会审议通过后正式实施。该法共9编588条，内容包括民事诉讼的目的和基本原则、法院、当事人、诉讼费用和诉讼担保、初审、上诉审、再审、督促程序、强制执行、辩护、过渡性条款及终则等，涵盖诉讼、强制执行及保护救济三大主要程序，但并未对涉外民商事诉讼程序规范做系统规定。从整体上看，《柬埔寨民事诉讼法》采用了日本民事诉讼法的基本架构，无论是形式上还是内容上均与日本民事诉讼法大体相同。此外，《柬埔寨民事诉讼法》在审判庭的组成、前置程序中的口头辩论等个别细微之处还直接借鉴了法国、德国民法典的相关规定。

柬埔寨民商事诉讼程序实行三审终审制。法院程序从一审法院开始，对一审判决不服，可上诉到上诉法院，对上诉法院结果不服的，可上诉到最高法院，最高法院的判决为终审判决。对外国法人提起的诉讼，应向其在柬埔寨的主要办事处或业务办事处所在地的法院提起一审诉讼；如其在柬埔寨没有业务办事处或其他办事处，则向其代表或在柬埔寨的任何其他主要业务负责人的住所所在地有管辖权的法院提起一审。对外国自然人提起的诉讼，应向其住所地有管辖权的法院提起一审诉讼；如其在柬埔寨没有住所地或不知其住所地，则应向其经常居住地有管辖权的法院提起一审诉讼；如其在柬埔寨没有经常居住地，则应向其最后居住地有管辖权的法院提起一审诉讼。

初审具体程序一般包括提交诉讼、预备口头辩论、口头辩论、作出判决及执行判决。在柬外资企业一旦发生纠纷，可以书面形式向具有管辖权的法院提起诉讼。起诉书中需注明原告及其法定代表人姓名、住址，诉讼事由，原告已掌握的证据，辩护方式及需提请法院裁定的具体内容等。法院会对原告的起诉状进行形式性审查。如原告未按规定撰写起诉状，或未缴纳诉讼费的，法院会要求在规定的时间内更正、完善信息或补缴诉讼相关费用。原告未在规定时间内更正、补缴费用的，法院可不予立案。除特殊情况外，法院将在正式立案30日内启动相关准备程序。

柬埔寨民商事诉讼程序中因不服一审法院判决或裁定提起上诉的方式有控诉、上告及抗告3种。

控诉，指因对一审法院作出的终局判决不服而向上一级法院提起的上诉（一般解决的是诉讼过程中的实体性问题）。提起控诉存在两种例外情况：（1）双方当事人一致同意保留共同上告的权利而约定不控诉；（2）诉讼标的价值不超过500万瑞尔的不得再提起控诉。

上告，是指当事人发现一审法院的终局判决存在违宪、违法或违反司法原则的，经原审法院提出的上诉。具体情形包括：（1）一审法院未按规定程序出具裁判或裁决的；（2）法律规定需回避的法官最终参与裁判或裁决的；（3）违反法院专属管辖规定的；（4）不具备法定代理权、诉讼代理权，或未经诉讼行为所需的必要授权的；（5）违反口头辩论的公开原则的；（6）判决理由不充分或自相矛盾的。

抗告，是指针对裁定不服而提起的上诉（一般解决的是诉讼过程中的程序性问题），应经原审法院提出，适用控诉和上告程序。

柬埔寨法院的再审程序主要规定在《柬埔寨民事诉讼法》第四编第307条至第318条。再审程序与一审程序大致相同。

2.诉讼流程。

（1）原告需以书面的方式提起诉讼，内容须包含姓名、地址、法定代理人、诉讼请求和必要的事实。

（2）法院将起诉书送达被告。

（3）原告提起诉讼后，法院应立即指定进行口头辩论日期（除有特殊情况外，该日期应为提起诉讼之日起30日内的一天）。

（4）审判长负责组织口头辩论的准备程序以及口头辩论。在准备程序中，法院将组织双方指控和辩论、澄清案件争议焦点、整理证据。

（5）准备程序结束后，法院再次确定口头辩论时间并且要求当事人到庭。

（6）口头辩论结束后，法院在1个月内须作出判决。

3.诉讼费用。

柬埔寨的诉讼费用包括申请费、申请费以外的费用以及当事人费用。法院承认的诉讼费用由败诉方承担。

（1）申请费[①]如表2，仅供参考，以法院实际收费为准。

表2 申请费收费（分段累计收费）

标的额（瑞尔）	诉讼费（瑞尔）
10000000以下	每100000收取1000
10000000～100000000	每100000收取700
100000000～1000000000	每100000收取300
超过1000000000	每100000收取100

（2）申请费以外的费用，由当事人或利害关系人向法院预先支付。包括法庭调查证据、交付文件或者执行其他程序所必需的费用以及法官和书记员所需的差旅费。超出的费用将予以退还。

（3）当事人费用，是法院根据案件的性质、当事人的经济能力和其他因素确定的，包括制作文件和提交文件的费用、当事人出庭的差旅费以及其他法院认为必要的费用。

4.诉讼效率。

（1）小额诉讼程序。小额诉讼指诉讼标的不超过100万瑞尔的案件。法院应在原告提起诉讼之日起30日内作出判决。

（2）一审程序。法院在原告提起诉讼之日起最快需要3个月的时间作出判决，但由于案多而审判人少，实际往往需要1年至2年时间。

（3）二审程序、三审程序依法院通知而定。

---

① 《柬埔寨民事诉讼法》第61条“申请费”。

二、非诉讼纠纷解决方式

2001年，柬埔寨签发了关于成立仲裁委员会的政府法令。2004年，为解决劳动纠纷问题，依照《柬埔寨劳工法》规定，柬埔寨仲裁委员会正式成立。2006年，《柬埔寨商事仲裁法》获得通过。同年《柬埔寨民事诉讼法》获得通过。该法明确规定，纠纷虽已立案并进入法院诉讼程序，但无论处在任一阶段，均可以适用非诉讼解决机制进行调解。由此，非诉讼纠纷解决机制逐步正式成为柬埔寨法律和司法体系的重要组成部分。

（一）仲裁

1.柬埔寨仲裁法。

仲裁因其灵活性、快捷性及独立性等特点，至今，在解决商事领域矛盾纠纷尤其是在涉外商事纠纷中应用广泛。各国均已普遍将仲裁当作是解决国际商事纠纷的一种主要方式。于柬埔寨而言，仲裁虽并非新事物，但其实践确实有限。1960年，柬埔寨加入《纽约公约》，成为签署国之一，并按公约规定承担相应的义务。1993年，柬埔寨政府签署了《解决国家与他国国民间投资争端公约》（ICSID），但直至2004年12月才获柬埔寨议会正式批准，并于2015年1月正式生效。

2006年《柬埔寨商事仲裁法》分别通过了国会和议会的审查，正式生效。根据该法，柬埔寨实行单一制的仲裁制度，即无论国内仲裁还是国际仲裁，均适用2006年《柬埔寨商事仲裁法》。该法共9章47条，分别为总则，仲裁协议，国家商事仲裁中心，仲裁庭的组成，仲裁庭的管辖权，仲裁程序，裁决和终止，裁决的撤销、承认和执行以及终则。这标志着柬埔寨仲裁相关立法从劳动纠纷领域拓展到商事纠纷领域。2013年，柬埔寨设立国家商事仲裁中心（National Commercial Center，缩写为NCAC）。

2.仲裁流程。

（1）申请人向仲裁中心总秘书处提交仲裁请求。

（2）被申请人在收到仲裁通知后15日内，向总秘书处提交答复通知。

（3）仲裁中心总秘书处在收到被申请人的通知后，向申请人与被申请人发出通知，表示其已收到被申请人的答复。

后续流程分为快速程序和普通程序两种，相应环节分别如下：

快速程序。（4）在组成仲裁庭之前，一方可向总秘书处申请快速程序进行仲裁，但须满足以下条件之一：a.争议金额不超过300万美元；b.双方同意；c.出现了异常紧急情况。（5）快速程序的仲裁庭一般由一名仲裁员组成，即由独任仲裁员审理。但如果当事人的仲裁协议约定由3名仲裁员组成仲裁庭的，仲裁中心的总秘书处将征求各方当事人是否同意将案件交由独任仲裁员审理，如果各方当事人不同意，则仍将案件提交三名仲裁员组成的仲裁庭审理。（6）仲裁裁决将在仲裁庭成立之日起270日内作出。

普通程序。（4）在收到总秘书处通知后的30日内，各方选定仲裁员。（5）总秘书处在收到各方任命仲裁员通知后7日内确认仲裁员资格，若所定仲裁员不符合资格，相关方应在7日内重新确定仲裁员，若相关方拒绝或无法重新选定新的仲裁员，总秘书处将在收到其通知后15日内选定新的仲裁员。（6）仲裁庭组织初步会议。（7）仲裁庭开庭审理。（8）最后一次听证会或裁决中待决定事项的最后授权提交之日起45日内仲裁程序结束。

3.柬埔寨主要的仲裁机构：柬埔寨国家商事仲裁中心。

柬埔寨国家商事仲裁中心是一家非营利机构，位于首都金边，是根据2006年《柬埔寨商业仲裁法》成立的。中心于2013年正式开始运营，向企业提供传统法院制度之外的替代商事争议解决方式。

仲裁理事会大会（General Assembly）是柬埔寨国家商事仲裁中心最高管理机构，负责通过或修订中心的内部规则、操作指南和仲裁程序，制定仲裁费用表、年度预算及选举执行委员会成员等。根据仲裁服务的国际惯例，柬埔寨国家仲裁委员会对仲裁中心的各项仲裁和支持服务制定了不同的收费标准。如国家仲裁委员会提供的机构仲裁，其整体仲裁费用包括案件注册费、仲裁管理费、仲裁员任命或异议费、仲裁员的费用及其他相关费用等。

柬埔寨国家商事仲裁中心解决商事纠纷时的一般程序包括：（1）提交仲裁协议；（2）组建仲裁庭；（3）仲裁庭制定相关仲裁规则；（4）进入仲裁程序；（5）作出仲裁及终止。柬埔寨国家商事仲裁中心仲裁规则基本借鉴了联合国《国际商事仲裁示范法》的模式，如纠纷当事人可以自由选择仲裁员，共同决定仲裁庭的人数、适用的法律及语言，仅在关于仲裁裁决的撤销时限上有些差异，《柬埔寨商业仲裁法》规定提出撤销仲裁裁决的申请需在收到仲裁裁决后的30天内，《国际商事仲裁示范法》规定的则为3个月①。柬埔寨国家商事仲裁中心所作出的裁决具有最终性和约束力。除当事人另有约定外，仲裁程序不公开进行。

仲裁费用包括：案件登记费、仲裁员聘任费、案件管理费、仲裁庭费用等。

（1）案件登记费：申请人提出仲裁请求时，应缴纳500美元的案件登记费；如被申请人提出反请求，被申请人也应缴纳500美元的案件登记费。

（2）仲裁员聘任费：当任何一方或双方未能根据NCAC仲裁规则指定仲裁员或各方当事方指定的仲裁员未能共同指定首席仲裁员时，NCAC将通过其指定和程序委员会要求指定仲裁员。每位仲裁员的任命费为500美元，应由有关当事人支付。

（3）案件管理费：案件管理费基于浮动收费标准，取决于争议金额，并应按照表3收取。

① 参见《柬埔寨商事仲裁法》第44条，联合国《国际商事仲裁示范法》第34条。

表3　柬埔寨国家商事仲裁中心案件管理费分段收费表①

单位：美元

争议金额	管理费
50000	750
50001～100000	1500加上超过50000部分的0.80%
100001～500000	1900加上超过100000部分的0.70%
500001～1000000	4700加上超过500000部分的0.50%
1000001～3000000	7200加上超过1000000部分的0.20%
3000001～5000000	11200加上超过3000000部分的0.12%
5000001～10000000	13600加上超过5000000部分的0.08%
10000001～50000000	17600加上超过10000000部分的0.04%
超过50000000	33600

（4）仲裁庭费用：仲裁庭的费用基于浮动收费标准，取决于争议金额，并应按照表4收取。

表4　柬埔寨国家商事仲裁中心仲裁庭费用分段收费表②

单位：美元

争议金额	仲裁庭费用（每位仲裁员）
50000	1000
50001～100000	2750加上超过50000部分的2%
100001～500000	3750加上超过100000部分的1.7%
500001～1000000	10550加上超过500000部分的1.5%
1000001～3000000	18050加上超过1000000部分的0.75%
3000001～5000000	33500加上超过3000000部分的0.50%
5000001～10000000	43050加上超过5000000部分的0.30%
10000001～50000000	58050加上超过10000000部分的0.15%
超过50000000	118050加上超过50000000部分的0.075%

（二）调解

在柬埔寨，调解与柬埔寨传统社会中的谈判有类似的作用，不仅在化

① 仅供参考，以柬埔寨国家商事仲裁中心实际收费为准。数据来源：NCAC官网。

② 仅供参考，以柬埔寨国家商事仲裁中心实际收费为准。数据来源：NCAC官网。

解矛盾纠纷过程中发挥着重要作用，而且受到法律的承认。柬埔寨在传统文化及其法律制度上均倾向于调解，而不是对抗性冲突和裁决，因此，调解以非正式形式被广泛运用于全国各类矛盾纠纷的解决中已有一定历史。尤其是在柬埔寨广大农村地区，人们对寺庙更为熟悉，会选择在僧侣的帮助下解决分歧、化解纠纷。针对家庭纠纷或其他日常生活冲突，家庭成员、村长或其他受尊敬的长者也通常会以“调解人”的身份帮助化解矛盾纠纷。在商事活动中，当发生矛盾纠纷时，调解也是当地众多公司和企业的首选。法官也被授权可在民商事诉讼双方之间调解。

调解在解决柬埔寨涉外民商事纠纷中的具体运用，主要体现在涉外土地纠纷及涉外劳动纠纷两种类型的解决中。如果存在土地纠纷，当事人可以向地籍委员会或国家土地纠纷解决机构（The National Authority for Land Dispute Resolution）申请进行调解。劳动纠纷则由柬埔寨劳动与职业培训部负责帮助调解①。调解形式包括私人调解及法院附属调解两种形式。调解可以在纠纷发生后的任一阶段进行。

三、纠纷解决方式选择的考量

鉴于不同的争议解决方式各有利弊，中国企业在柬埔寨投资中若想妥善处理纠纷，要综合考量成本、效率、执行力等因素，选择适宜的争议解决方式。此处重点就争端解决方式中占据主导地位的诉讼、仲裁这两种方式进行比较。

（一）诉讼的利弊

诉讼是传统的争议解决方式。若选择以诉讼方式处理纠纷，最大的优势在于诉讼是一种具有强制力的司法救济手段，所作出的判决具有强制执行力。当被告方的财产仅在柬埔寨境内时，经诉讼获得判决具有执行的便利性，经柬埔寨法院裁判的案件可以较顺利地依赖柬埔寨司法系统得以执

---

① 《柬埔寨劳动法》第300条、第301条。

行，将当事人权利义务落到实处，为当事人省去了裁判承认程序的诉累，相对比较便利。但与此同时，对于中方当事人，在柬埔寨诉讼的缺点也比较突出，具体体现在以下几个方面。

一是不同法律传统带来的文化冲击。柬埔寨的诉讼程序和规则对于中方当事人而言相对不熟悉，需要花费较大成本和精力投入到诉讼活动中。

二是语言不通造成的理解困难。柬埔寨国家语言为柬埔寨语，涉外案件法庭需要依赖多语言翻译，特别是在法律文书方面增加了中方当事人翻译的负担，无形中增加了参与案件审理的难度。

三是法院管辖权固定，中方当事人出庭不方便。中方当事人不可以依照自身便利自由选择审理地点，案件需要在柬埔寨法院审理，中方当事人免不了远途应诉，增加诉讼负担。

四是诉讼审理周期冗长。一项诉讼需要花费半年甚至数年的时间，需要当事人投入较长期的时间和较大的精力。柬埔寨司法体制不健全，司法工作人员数量有限，审判效率不高，超审限是比较普遍的现象。

五是中方当事人可能面临商业信誉风险。由于法院审理案件以公开为原则，不公开为例外。因此，对于大多数中方当事人而言，一旦涉诉相关信息披露不受控制，有可能会给自身商业信誉带来负面影响，导致蒙受次生损失。

需要注意的是，在柬埔寨经诉讼作出的法院判决，虽具有强制执行力，但若被执行方财产在柬埔寨境外时，该判决在他国得到实际承认与执行的难度相当大，这也是通过诉讼解决国际商事纠纷时存在的最大弊端。以中国为例，根据《中华人民共和国民事诉讼法》第二百八十二条，以及《最高人民法院关于适用〈中华人民共和国民事诉讼法〉的解释》第五百四十四条规定，中国对于承认与执行外国法院判决，主要有两项依据：一是两国存有共同参加的多边国际条约或双边司法协助条约，二是两国存有互惠关系。

就多边国际公约来看，中国与柬埔寨并未共同参与已经发生效力的有关执行外国法院判决的国际公约，中国与柬埔寨也没有签订关于跨境商事争议的法院判决的承认与执行的双边协定。

两国存有互惠关系是指两国具有基本对等的承认与执行外国判决的条件。中国在互惠关系的认定与互惠原则的适用方面并没有明确的法律规定，司法实践中则采用事实互惠原则，即需要根据柬埔寨是否有承认与执行中国法院判决的案例来判断，如已有相应案例则认定有互惠关系，如没有则认定没有互惠关系。至今，柬埔寨尚没有在先的案例。2015年6月，中国最高人民法院发布的《最高人民法院关于人民法院为“一带一路”建设提供司法服务和保障的若干意见》表明中国法院在“一带一路”共建国家承认与执行外国法院判决方面开始采取积极的立场，主张推定互惠原则。2017年6月，第二届中国—东盟大法官论坛在南宁举行并通过了《南宁声明》，主张在东盟国家之间采取推定互惠原则。但是，目前，司法实务中还没有突破以往事实互惠的原则，推定互惠原则的司法实践还在摸索中。

由此不难发现，中方当事人通过在柬埔寨诉讼的方式寻求纠纷解决尽管具有可行性，但对于大多数案件而言，会受文化、语言、地理位置、时间等方面的阻碍，并且在判决后的实际执行上因缺乏具体法律依据而可能面临巨大困难。即使能够申请承认与执行，也还面临在他国继续进行另一个诉讼程序的讼累，耗时耗力。因此，诉讼这一纠纷解决途径很难称得上是最佳选择。

（二）非诉讼纠纷解决方式在解决涉外商事纠纷中的独特优势

非诉讼争议纠纷方式是当前民商事纠纷解决领域中，尤其是国际商事纠纷解决领域中当事人最热衷选择的争议解决方式。对于中国企业而言，通过非诉讼纠纷解决方式处理在柬埔寨的纠纷，有以下几个方面独特的优势：

1.灵活性高，可满足当事人不同需要。

仲裁的灵活性体现在整个仲裁程序的两个方面。一方面，当事人可以选择仲裁类型解决纠纷，如机构仲裁或临时仲裁、依法仲裁或友好仲裁。另一方面，就仲裁程序的具体展开方式而言，争议双方可以通过仲裁协议就仲裁地、仲裁机构、仲裁事项和程序、适用法律等事项进行约定，既可以选择中国或其他国家的仲裁机构进行仲裁，也可以选择在柬埔寨的仲裁中心进行仲裁，最大限度地为双方解决纠纷创造便利条件。

2. 专业程度高，由专家断案。

仲裁是专家断案，相对于法院法官而言，仲裁员来源更为广泛，往往具备案件相关领域的专业知识及技能，这为案件最终公正裁决提供了专业的保障。

3. 一裁终局，可节约时间成本。

仲裁的审理也较诉讼程序更为灵活、便捷。仲裁在纠纷处理方面高效的特点对于瞬息万变的商业社会而言难能可贵。中方当事人可以节省精力，尽快实现某一法律关系的稳定。

4. 保密性。

仲裁案件以不公开为原则，对于视商业信誉为企业重要无形资产的现代企业而言，可以有效保护企业在解决纠纷过程中因为信息披露导致的其他损害，有利于保护中国企业的利益免遭进一步侵害，也有利于维护中国企业的国际形象。

5. 裁决承认与执行相对便利。

柬埔寨和中国都是《纽约公约》缔约国，在一国作出的仲裁裁决可以通过向另一国当地法院申请承认和执行。对于中方当事人而言，若获取一份柬埔寨的国际商事仲裁裁决，将在仲裁裁决跨国承认与执行方面享受公约便利，能够有效维护自身的权益。

中国企业在处理涉柬纠纷过程中，特别是涉及跨国执行的纠纷时，选择国际商事仲裁有较大的优势。但同时也需要注意，参与柬埔寨仲裁同样可能存在一定的文化、语言、法律制度等差异带来的障碍，中方当事人不可避免地需要借助精通柬埔寨当地仲裁制度的专业人士的支持。

（三）成功解决纠纷的要诀

中国企业在柬埔寨投资过程中，应当正确评估风险，并做好包括签订争议解决协议在内的风险防范工作，尤其需要在充分了解可利用争议解决途径的基础上，选择适宜的争议解决途径保护自身合法权益。

1.权衡利弊，选择最佳解决方案。

中国企业通过在柬埔寨诉讼的方式寻求纠纷解决尽管具有可行性，但对于大多数案件而言，会遭遇文化、语言、地理位置、时间等方面的阻碍，这一纠纷解决途径未必是最佳选择，尤其是有一方当事人住所地或可供执行财产所在地在柬埔寨境内的纠纷，考虑到纠纷解决的便利程度和实际效果，选择仲裁更有优越性。

2.熟悉规则，参与仲裁程序。

对中国企业而言，首要的是在熟悉柬埔寨仲裁制度的基础上，根据企业自身发展情况，结合当地相关法律制度做好规划，为防范或化解涉柬纠纷做好法律层面的准备。其中，仲裁协议是不可或缺的重要材料，为保证仲裁协议的有效性，需要特别关注其形式和实质要件：

（1）仲裁协议的形式要件。仲裁协议是双方当事人将其在确定的法律关系中已经产生或者将要产生的全部纠纷或者特定纠纷提交仲裁的协议。

在形式有效性方面，要求仲裁协议必须具有书面性，除合同书外，也可以是一个单独的协议。仲裁协议书面形式的表现可以是任何书面协议，也可以是信函、电报、传真或者其他通信形式，还可以是能够证明存在该种协议的书面记录。双方当事人通过数据信息进行的电子通信，如果其中包含的信息能够获得并可以用作后续的参考，则此电子通信也符合书面形式的要求。一方当事人就仲裁协议约定的仲裁事项向法院提起诉讼，法院应不予受理并要求双方移送仲裁，除非法院认定仲裁协议无效、失效或不能履行。

（2）仲裁协议的实质要件。在实质有效性方面，仲裁协议必须具有可仲裁性。原则上各类型的商事争议均可提交仲裁解决，但若商事争议涉及特殊事项，则当事人可能面临仲裁协议不具有可仲裁性的风险。因此，当事人需要全面了解柬埔寨现行法律和政策，尤其注意争议标的是否在相应的柬埔寨单行法中被规定为无可仲裁性，同时在订立合同时充分考虑公共政策的限制。

第二节　中国与柬埔寨之间仲裁裁决的承认与执行

裁决是否能得到有效执行是任何纠纷解决机制的核心问题之一。外国仲裁裁决的承认与执行是一国仲裁法律制度中的重要内容，关系仲裁当事人权利义务的落实，对于有效解决当事人争议有着重要意义。

一、承认与执行仲裁裁决的条件

商事仲裁裁决的当事人不一定自动履行裁决，而仲裁员和仲裁机构并无强制执行仲裁裁决的权利，胜诉方可以向有管辖权的法院申请承认与执行。申请承认与执行的裁决对柬埔寨而言必须是外国仲裁裁决，而且需符合柬埔寨承认与执行外国仲裁裁决的条件，否则承认与执行外国仲裁裁决程序将不会继续进行。

（一）《纽约公约》裁决承认与执行的条件

《纽约公约》项下的仲裁裁决在柬埔寨的承认与执行主要适用《柬埔寨批准和实施〈纽约公约〉法》，配合适用《柬埔寨商事仲裁法》和《柬埔寨民事诉讼法》。柬埔寨于1960年加入《纽约公约》，加入时作了商事保留和互惠保留，所以《柬埔寨批准和实施〈纽约公约〉法》仅适用于另一缔约国领域内作出的裁决。《柬埔寨批准和实施〈纽约公约〉法》几乎涵盖了所有的承认与执行外国仲裁裁决程序，包括申请材料、申请期限、受理[①]、答辩[②]、管辖法院、司法审查、拒绝事由以及司法审查的救济制度等。

首先，提交仲裁裁决和仲裁协议一般被认为是承认与执行的必备条件。这两项文件的要求规定见于《柬埔寨商事仲裁法》第45条和《柬埔寨民事诉讼法》第353条第2款以及《柬埔寨批准和实施〈纽约公约〉法》第7条。这三款对于申请材料的要求是一致的：援引裁决或申请执行的当事一方，应提供经正式认证的裁决书正本或经正式认证的裁决书副本以及第7条所指仲裁协议的正本或经正式认证的仲裁协议副本。至于如何认证，柬埔寨法律并未规定。其实《纽约公约》也未对认证作出规定，各国认证的做法不一。其次，若裁决或协议不是以柬埔寨的官方语言所作的，则申请人还应提供经正式认证的仲裁裁决和仲裁协议的柬埔寨语译本。这一规定较《纽约公约》更为简洁，《纽约公约》规定译本正式的证明需要经一个官方的或宣誓过的翻译员或者一个外交人员或领事人员提供。最后，根据《柬埔寨批准和实施〈纽约公约〉法》第5条，若申请人提交上述材料申请承认与执行《纽约公约》裁决，柬埔寨法院必须接受申请[③]。若当事人未提交上述认证的文件和认证的译本，法院应当驳回申请，让申请人补齐材料。

（二）非《纽约公约》裁决[④]承认与执行的条件

在2006年之前，因《柬埔寨商事仲裁法》和《柬埔寨民事诉讼法》

---

① 《柬埔寨批准和实施〈纽约公约〉法》（2001年）第4条规定“柬埔寨法院必须接受申请人的申请，以承认和执行外国仲裁决定，无论其国籍如何”，第8条规定“法院应当在收到承认与执行申请之日起10日内决定是否受理并通知当事人”。

② 《柬埔寨批准和实施〈纽约公约〉法》（2001年）第9条规定：被申请人应该在收到法院通知之日起60天内向上诉法院提出拒绝承认与执行的请求，并提供有力的证据和法律依据。

③ 《关于批准和执行联合国公约的法律》第5条。

④ 指在非《纽约公约》缔约国领土范围内作出的外国仲裁裁决。

尚未通过，非《纽约公约》裁决在柬埔寨的承认与执行并无法律依据。2006年通过的《柬埔寨商事仲裁法》和《柬埔寨民事诉讼法》借鉴了《联合国国际贸易法委员会国际商事仲裁示范法》中“裁决不论何国境内作出，都具有约束力”的规定，《纽约公约》下的裁决和非《纽约公约》下的裁决都被纳入承认与执行的范围，被认为有约束力且经申请可承认与执行①。不论《纽约公约》裁决还是非《纽约公约》裁决都能以这两部法作为启动依据，非《纽约公约》裁决的承认与执行按照《柬埔寨民事诉讼法》第353条和《柬埔寨商事仲裁法》第45条来承认与执行。非《纽约公约》裁决承认与执行最大的问题是案件的受理、答辩、审查时间、公共政策的适用原则、救济制度等没有法律依据，这些细节规定于适用《纽约公约》裁决的《柬埔寨批准和实施〈纽约公约〉法》中，《柬埔寨商事仲裁法》和《柬埔寨民事诉讼法》并没有规定这些细节。

中国加入《纽约公约》时也作了互惠保留声明，只承认与执行《纽约公约》缔约国内作出的仲裁裁决，对于非《纽约公约》缔约国的裁决按照《中华人民共和国民事诉讼法》的第二百八十三条（属于司法协助的范畴）处理，即依照中国参加或者缔结的条约或协议处理；若没有可适用的国际条约或协议，人民法院可以按照互惠原则处理。虽然非《纽约公约》裁决与《纽约公约》裁决承认与执行适用的法律不同，但是裁决承认与执行的条件还是相同的——当事人需提交经过认证的仲裁协议或副本，还有经过认证的仲裁裁决书或副本。

二、申请承认与执行仲裁裁决的程序

根据《纽约公约》第4条和第5条及中国《最高人民法院关于执行我国加入的〈承认及执行外国仲裁裁决公约〉的通知》的第四条和第五条，当事人申请中国法院承认和执行在另一缔约国领土内作出的仲裁裁决，应

① 《柬埔寨商事仲裁法》第45-1条。

由仲裁的一方当事人提出，当事人应当提交经中国驻外使领馆认证或经中国公证机关公证的仲裁裁决书的中文文本。按照《中华人民共和国民事诉讼法》第二百四十六条规定，当事人申请执行的期间为从裁决书规定的履行期间的最后一日起计算的2年内。中国有管辖权的人民法院在接到一方当事人的申请后，应对申请承认与执行的仲裁裁决进行审查。经审查，如果人民法院认为裁决不具有拒绝承认与执行的法定事由的，应裁定承认其效力，并依照《中华人民共和国民事诉讼法》中规定的程序予以执行；反之，人民法院应裁定驳回当事人的申请，拒绝承认与执行。

需注意的是，在中国需要严格遵从拒绝承认和执行外国仲裁裁决的报告制度。1995年中国最高人民法院《关于人民法院处理与涉外仲裁及外国仲裁事项有关问题的通知》指出，凡一方当事人向人民法院申请承认和执行外国仲裁机构的裁决，如果人民法院认为申请承认和执行的外国仲裁裁决不符合中国参加的国际公约的规定或者不符合互惠原则的，在裁定拒绝承认和执行之前，必须报请本辖区所属高级人民法院进行审查；如果高级人民法院同意拒绝承认和执行，应将其报最高人民法院。待最高人民法院答复后，方可裁定拒绝承认和执行。

三、拒绝承认与执行仲裁裁决的事由

（一）中国拒绝承认与执行外国仲裁裁决的事由

根据《中华人民共和国民事诉讼法》第二百九十条规定，对于国外仲裁机构的裁决，需要中国法院承认和执行的，应当由当事人直接向被执行人住所地或者其财产所在地的中级人民法院申请，人民法院依照中国缔结或者参加的国际条约，或者按照互惠原则办理。中国是《纽约公约》的缔约国，根据该公约，拒绝承认及执行仲裁裁决的情形如下：（1）缺乏有效的仲裁协议；（2）被申请人未得到指定仲裁员或进行仲裁的适当通知，或者由于其他原因未能提出申辩；（3）裁决的事项超出了仲裁协议约定的范围；（4）仲裁庭的组成或仲裁程序与当事人的协议不符，或在双方当事人无协议时，与仲裁地国家的法律不符；（5）仲裁裁决对当事人尚未发生法律拘束力，或裁决已被仲裁地有关当局依法撤销或中止；（6）争议事项，依据执行地国家的法律不能以仲裁方式解决；（7）承认与执行此项裁决将与执行地国的公共秩序相抵触。

（二）柬埔寨拒绝承认与执行外国仲裁裁决的事由

申请人提起承认与执行外国仲裁裁决申请后，被执行人可以提出相应事由及证据请求柬埔寨法院拒绝承认和执行外国仲裁裁决。柬埔寨法院在审查的过程中如果发现裁决存在争议事项不可仲裁或者违反柬埔寨公共政策的，亦可拒绝承认与执行。

1. 当事人一方提出证据证明存在拒绝承认与执行仲裁裁决的事由。

在柬埔寨由被申请人提出并提供证据证明的拒绝事由与《联合国国际贸易法委员会国际商事仲裁示范法》基本保持一致。被申请人提出证据证明仲裁裁决存在以下事由①，经柬埔寨法院审查核实可不予承认和执行外国仲裁裁决：

一是仲裁协议无效。

二是违反正当程序。

三是仲裁员超裁。

四是仲裁庭的组成或仲裁程序不当。

五是裁决不具有约束力或已被撤销或中止。

2. 上诉法院和最高法院依职权主动审查发现存在以下事由，可不予承认和执行外国仲裁裁决②：

一是属于不可仲裁的事项。

二是违反柬埔寨的公共政策。

国际实践中不可仲裁的事项一般包括：第一，当事人不能自行处理或

---

① 《柬埔寨民事诉讼法》第353-3条。

② 《柬埔寨民事诉讼法》第353-3条。

者不能通过和解解决的争议。第二，有关婚姻家庭中的人身关系和身份关系、劳动争议。第三，涉及公共利益或公共政策的事项不能提交仲裁。

柬埔寨拒绝承认与执行外国裁决的法定事由中还需值得注意的是公共政策，因为柬埔寨法律对公共政策的适用作了特殊规定，具体体现在《柬埔寨批准和实施〈纽约公约〉法》中，包括：第2条第7款规定，违反公共政策是指违反公共秩序[①]；第15条B-2规定，法院以公共政策拒绝外国仲裁裁决时，应当参考《纽约公约》缔约国法院所适用的公共政策标准[②]。

---

① 《关于批准和执行联合国公约的法律》第2-7条。

② 《关于批准和执行联合国公约的法律》第15-B-2条。

案例：外国仲裁裁决的承认与执行

一、基本案情

韩国A公司和柬埔寨B公司签订了一份借款合同，合同中约定如果产生任何争议将交由韩国商事仲裁委员会适用韩国法律仲裁。后柬埔寨B公司未能还款，韩国A公司就此向韩国商事仲裁委会申请仲裁，韩国商事仲裁委员会裁决柬埔寨B公司履行还款义务并承担仲裁费用。因柬埔寨B公司未自愿履行仲裁裁决，韩国A公司依据该仲裁裁决向柬埔寨上诉法院申请承认与执行仲裁裁决，柬埔寨B公司则向上诉法院提出不予承认与执行的诉求，柬埔寨B公司提出了该仲裁裁决违反柬埔寨的公共政策等多项理由。经过审查，柬埔寨上诉法院于2013年1月22日作出裁定，认定该仲裁裁决不违反柬埔寨公共政策，对该仲裁裁决予以承认与执行，但并没有对公共政策在柬埔寨的定义作出明确的解释，也未明确上诉期限。柬埔寨B公司不服上诉法院的裁定，向柬埔寨最高法院提起上诉。该案在柬埔寨最高法院上诉审理中，柬埔寨B公司的上诉是否超过了上诉期限成为最大的争议焦点。韩国A公司针对柬埔寨B公司的上诉答辩称：柬埔寨B公司的上诉已经超过了《柬埔寨民事诉讼法》规定的自收到裁定通知一周内的上诉期。柬埔寨B公司则主张其上诉并没有超期，因为《柬埔寨批准和实施〈纽约公约〉法》规定的上诉期为自裁定作出之日60天内。2014年2月21日柬埔寨最高法院作出裁定，维持了上诉法院的承认与执行该仲裁裁决的裁定。

二、焦点问题

1.违反公共政策的认定标准是什么？

根据《纽约公约》，违反公共政策是拒绝承认与执行外国仲裁裁决的理由之一，其也是被申请人用于抗辩申请人的执行申请时常用的理由之一。国际司法实践中，国际商事仲裁违反公共政策的认定一般是指违反了执行地国根本性的法律原则或者法律秩序。中国和柬埔寨均是《纽约公约》的缔约国，在外国仲裁裁决承认与执行的司法审查中，两国法院均将仲裁裁决是否违反本国公共政策作为审查的事项之一。但相较于拒绝承认与执行外国仲裁裁决的其他事由，对公共政策的定义和认定标准各国有一定差异，往往受到本国政治、经济、文化、法律、宗教等多种因素的影响。因此不同国家法院对此问题的判断有一定程度的自由裁量余地。《柬埔寨批准和实施〈纽约公约〉法》虽然已规定违反公共政策是指违反公共秩序，但是在司法实践中仍未能对公共政策作出明确解释。如本案中，柬埔寨上诉法院虽然认定韩国仲裁裁决没有违反公共政策，但在裁定中并未能作出具体解释。因公共政策的外延难以全面涵盖，各国对公共政策的解释仍是较为谨慎。

2.对于外国仲裁裁决的承认与执行，柬埔寨的司法审查机制如何？

根据《柬埔寨批准和实施〈纽约公约〉法》和《柬埔寨商事仲裁法》，对外国仲裁裁决承认与执行的司法审查，柬埔寨采用两级审查制，即先由柬埔寨上诉法院对其进行审查作出裁定，如果当事人不服上诉法院作出的裁定，可上诉至最高法院，由最高法院审查后作出最终裁定。

3.当事人不服柬埔寨上诉法院对外国仲裁裁决的承认与执行的裁定，如何确定上诉期限？

《柬埔寨民事诉讼法》第303条规定“上诉必须在收到裁定的一周内提出，该上诉期不得延长”，《柬埔寨批准和实施〈纽约公约〉法》第19条规定“当事人不服上诉法院的裁定，可以在裁定作出之日起60日内向柬埔寨最高院提起上诉”，《柬埔寨商事仲裁法》第43条规定“当事人不服柬埔寨上诉法院的裁定，可在15日内向柬埔寨高级法院提起上诉，由柬埔寨最高法院作出最终裁定”。以上三部法律都规定了上诉制度，即当事人不满上诉法院的执行裁定时可以在规定时间内上诉，上诉后最高法院对外国仲裁裁决具有最终裁定权。但由于规定的上诉期限不一样，从而导致司法实践中出现争议。本案例就是一个典型例子，韩国A公司与柬埔寨B公司就分别依据不同法律提出了截然相反的主张，柬埔寨B公司实际提起上诉的时间是在收到裁定通知之日起的7天之后，在裁定作出之日起的60天之内。如依据《柬埔寨民事诉讼法》，该上诉已经超期，原上诉法院的裁定已生效并是终局裁定；如依据《柬埔寨批准和实施〈纽约公约〉法》，该上诉并未超期，当事人有权上诉，有待柬埔寨最高法院作出最终裁定。

柬埔寨最高法院在该案中认定，上诉期应适用《柬埔寨民事诉讼法》规定的自收到裁定之日起一周内，认为柬埔寨B公司上诉超期，驳回了柬埔寨B公司的上诉。对此，柬埔寨最高法院的解释为：“（1）《柬埔寨民事诉讼法》是新法（2006年制定），它经过了更加严格的起草；（2）上诉法院在本案中虽然并没有说明适用哪一部法律，但是影响不大，尤其是上诉法院在口头陈述的过程中选择了《柬埔寨民事诉讼法》新法；（3）《柬埔寨民事诉讼法》第588条规定：在适用本法时，如有其他法律规定与本法不一致，则自本法适用之日起，该法与本法在不一致的地方失效。因此，上诉期应依据《柬埔寨民事诉讼法》。”

三、案件启示

第一，柬埔寨法院在实践中，虽然未能明确解释公共政策，但《柬埔寨批准和实施〈纽约公约〉法》规定法院以公共政策拒绝外国仲裁裁决时应当参考《纽约公约》缔约国法院所适用的公共政策标准。中国企业为避免仲裁裁决申请承认与执行时被柬埔寨法院以公共政策为由拒绝，可参考中国法院在国际商事仲裁司法实践中认定“公共政策”的标准。同时，需注意在拒绝承认与执行外国仲裁裁决实践中，柬埔寨法院的自由裁量权较中国更为灵活，对于拒绝承认与执行的法定事由时，柬埔寨法院是“可以拒绝”而非“一定拒绝”。

第二，企业到柬埔寨申请承认与执行外国仲裁裁决时，须根据柬埔寨关于外国仲裁裁决承认与执行的两级司法审查机制去提出申请，初审时当事人应去柬埔寨首都金边市向柬埔寨上诉法院提出申请，如对上诉法院的裁定不服的，再向最高法院提出上诉。

第三，由本案例中体现的柬埔寨有关对上诉期限的法律规定的不统一，以及最高法院最终的解释可知，如不服上诉法院的裁定时应在收到裁定之日起7日内提起上诉。柬埔寨虽然不是判例法国家，但是柬埔寨最高法院的判决也类似于中国最高人民法院的指导性案例，对下级法院有一定的指导参照作用。因此，为了保险起见，中国企业在柬埔寨投资过程中，如遇承认与执行外国仲裁裁决案件不服上诉法院的裁定须上诉时，尽量与最高法院的观点保持一致，按照法律规定的收到裁定之日起7日内提起上诉，以免陷于被动，避免因错过上诉期而失去司法救济的机会。

第七章
RCEP投资规则在柬埔寨的适用

2022年1月1日，RCEP对柬埔寨正式生效。作为东盟发起的综合性自由贸易协定，RCEP为区域间贸易投资自由化和便利化设立了统一规则。RCEP为中柬两国双向投资带来大量机遇。当前，中国作为柬埔寨第一大投资来源国，对于中国投资者来说，要充分把握RCEP为赴柬埔寨投资创造的机遇，熟悉和理解RCEP投资协定的相关规则是首要环节。由于RCEP成员国包括东盟十国加上中国、日本、韩国、新西兰、澳大利亚共15个国家，各缔约方的基本国情不同，因此，赴柬投资者既要了解在柬埔寨适用的RCEP一般投资规则，又要了解仅适用于柬埔寨的特别投资规则，唯有如此才能有针对性地发掘在RCEP框架下的赴柬投资机遇。

第一节　RCEP投资规则对柬埔寨的影响

柬埔寨是较早完成RCEP国内审批的国家之一。受新冠疫情影响，柬埔寨经济受到较大冲击，而RCEP的正式生效则为柬埔寨经济发展提供了更多机遇。RCEP是亚太地区规模最大的投资协定，RCEP的签署对柬埔寨的投资环境、经济发展及融入区域一体化进程产生了深远影响。

一、门槛更低的市场准入为柬埔寨引入投资提供更多机会

RCEP投资章节第8条保留和不符措施中将市场准入的机会以负面清单方式来呈现，即东道国政府依靠清单形式对进入国内的投资进行限制，除限制条目以外的投资即被推定为允许合法投资。在协议的附件3“服务和投资保留及不符措施承诺表”中，RCEP成员国对制造业、农业、林业、渔业、采矿业5个非服务业行业的投资实行统一的负面清单制度，作出了较高水平的市场开放承诺。RCEP负面清单制度对于消除部分行业的隐形准入限制、增强投资的可行性和可预测性具有重要意义。因此，对于RCEP成员国的大多数“走出去”企业来说，柬埔寨实行负面清单加国民待遇的外资管理模式，让这些企业能够更加便利地在柬埔寨投资，进一步开拓柬埔寨市场。对柬埔寨企业而言，RCEP成员国对彼此实施负面清单

的投资承诺将为区域内各国企业对外投资带来便利，也增加了柬埔寨企业海外投资的机会，可推动RCEP成员国间投资实现双赢。

二、高水平的投资保护为柬埔寨对外直接投资提供安全保障

柬埔寨积极参与RCEP并设立了高水平的投资保护标准，为外国投资者提供了强有力的法律和制度保障。这种保障不仅有助于减少投资风险，还可增强投资者的信心，鼓励其将资本投入到柬埔寨，助力柬埔寨经济发展。

首先，RCEP规定了针对投资者的权利和利益的保护措施。柬埔寨作为协定成员，通过明确规定投资者在投资过程中所享有的权利，如资产保护、合法利益保障等，为投资者提供了实际的保障机制。这种保护不仅减少了外国投资者在风险环境中的担忧，还可增强其在柬埔寨投资的信心。其次，投资保护还规定了资产转移的自由。RCEP明确规定了各成员国应允许涵盖投资的自由转移，无迟延地进出其境内。这意味着外国投资者可以自由将投资资金、利润和其他款项转移回自己的国家，降低了资金流动的不确定性，为投资者提供了更大的灵活性。最后，RCEP中的征收和国有化规定也为外国投资者提供了有效保障。具体规定了在征收和国有化情况下的合理程序和补偿机制，为投资者降低了风险。综上所述，高水平的投资保护为柬埔寨对外直接投资提供了稳定的法律和制度保障，有效降低了外国投资者在投资过程中的不确定性和风险。

三、投资促进和投资便利化措施增强外商赴柬投资的信心

在全球化和区域经济合作的浪潮中，投资促进和便利化已成为各国吸引外国直接投资的关键策略。在RCEP中，投资促进和便利化也是RCEP投资章节的亮点之一。一方面，投资促进措施为柬埔寨提供了更广阔的市场准入机会，吸引了国际投资者寻找新的投资目标。柬埔寨作为一个发展中的经济体，拥有丰富的资源和潜力，其市场成为外商关注的热点。通过

降低投资限制、提供更多的市场准入和优惠待遇，柬埔寨政府鼓励外国投资者进入该国市场，为其带来更多的机会和利润。另一方面，柬埔寨在RCEP框架下采取了一系列有助于投资促进和投资便利化的积极举措，致力于创造一个更加友好和具有竞争力的投资环境。柬埔寨政府在投资审批、许可证办理、注册手续等方面进行了改革，大幅缩短了办事时间，降低了行政成本。例如，柬埔寨在西哈努克港经济特区综合服务中心建立一站式服务中心，为外商提供咨询和支持，帮助解决在投资过程中可能遇到的问题。这种减少冗长程序的做法不仅减少了外商的不确定性，也提高了投资的吸引力，从而增强了外商赴柬投资的信心。

四、有效推动区域供应链与产业链的优化

20世纪80年代后期以来，国际贸易成本的下降促使跨国际边界的劳动分工更加精细，全球价值链逐渐形成。为了摆脱国内生产资料的限制，寻求用更低的劳动力成本及生产成本获得更多的利润，企业选择对外投资，并且资本不断向成本更加低廉的国家转移。区域贸易协定能够有效促进各国在区域内投资并优化价值链布局。RCEP作为一个涵盖多个成员国的贸易协定，为优化区域供应链和产业链布局提供了新的契机。RCEP成员国的发展水平和资源禀赋存在显著的差异，通过充分发挥各国之间的优势互补性，可以实现更高效的产业分工，提高资源的利用效率，并推动整个区域内的协同发展。柬埔寨在吸引制造业和劳动密集型产业方面始终发挥着自身优势。这不仅依赖于RCEP营造的稳定的投资环境和详细的投资规则，也得益于RCEP原产地规则。企业可以根据RCEP的原产地规则在区域范围内进行投资、生产和销售布局，从而获得区域内的最佳区位优势，进一步优化产业链布局和分工体系。由此可见，RCEP投资规则及其他相关规则可推动柬埔寨紧密融入区域供应链和产业链，推动区域供应链与产业链的优化。

第二节　柬埔寨对于RCEP投资文本规则的承诺情况

在加入RCEP之后，柬埔寨与RCEP其他成员国共同遵循这一协定中规定的投资规则。柬埔寨积极落实的RCEP投资规则分为文本规则和负面清单两部分。虽然RCEP的其他章节中也有关于投资的内容，例如第1章（初始条款和一般定义）、第17章（一般条款和例外）、第19章（争端解决）等，但就其中的核心条款而言，柬埔寨积极落实的RCEP投资文本规则主要规定于协定的第10章（投资）以及第10章的两个附件（习惯国际法和征收）之中。因此，本节将主要对RCEP第10章及其两个附件涉及的一般投资文本规则和仅适用于柬埔寨的特殊文本规则进行介绍。

一、柬埔寨对于RCEP投资文本规则的一般承诺

根据RCEP第10章的规则，柬埔寨签署的RCEP投资文本规则内容主要由投资自由化的相关规则、投资保护、投资促进和投资便利化措施条款组成。

（一）投资保护条款

柬埔寨投资环境较为复杂，为确保在国际经济合作中，投资者不会因为东道国不合理的政策、法规变化或其他干扰而受到损失。RCEP通过设

置投资与投资者定义、投资待遇、转移、征收及补偿、代位权等诸多条款对投资者利益进行保护，充分彰显出RCEP投资规则中所蕴含着的保护投资之意涵。其中，投资与投资者定义、投资待遇和间接征收判定等条款值得赴柬投资者重点关注。

1.投资与投资者定义条款。

RCEP在投资与投资者定义方面采取了广泛和明确的规定，以确保各种投资形式的合法性，保护投资者在RCEP区域内的权益。根据RCEP第10章第1条的规定，在定义投资和投资者方面，RCEP采用了一种开放式列举的方式，详细规定了投资的范围。首先，就投资定义而言，除了传统的涵盖投资定义，即缔约方已在该方领土内存在的另一缔约方投资者的投资，或已被东道国所接受的投资外，RCEP还将法人的股权、债权、知识产权以及由东道国法律法规或合同授予的特许权纳入了投资的范围，甚至包括了合同项下的权利，以及与业务相关的财务价值的请求权或给付请求权、动产和不动产以及其他财产权利，同时明确排除了司法、行政和仲裁中的命令或裁决。这一开放的投资定义扩大了RCEP投资章节的保护范围，为缔约方的投资者在RCEP区域内进行更多形式的投资提供了保护。其次，就投资者定义而言，RCEP的投资者定义也明确包含试图、正在或已经在缔约方境内投资的自然人或法人。法人的定义包括任何按法律成立的实体，不论其以营利为目的与否，也不论其属于私营或政府所有。RCEP还明确将国有企业纳入合格投资者的范围，以防止国有企业因为归政府所有而无法享受RCEP提供的保护。

2.投资待遇条款。

柬埔寨给予外国投资者的投资待遇主要包括准入前的国民待遇和公平公正待遇，根据RCEP第10章第3条和第5条的规定，RCEP的投资规则确实在投资者国民待遇和公平公正待遇方面提供了一定的保护，但在实际的应用中也为东道国政府留下了一定的灵活性。

在国民待遇方面，RCEP明确了判断标准，强调考虑“类似情形”。这意味着东道国政府不仅可以根据合法的公共福利目标进行差异化对待投资者，且不再基于单一标准进行判断。本条款给予了东道国更多的自主权，以便根据国内情况制定合适的政策。而RCEP在公平公正待遇方面的规定相对较为严格。根据RCEP第10章第5条规定，各缔约方应依照习惯国际法对外国人给予最低待遇标准，确保涵盖投资的公平公正待遇和充分保护与安全。其中，公平公正待遇要求各缔约方不得在司法或行政程序中拒绝司法。这强调了对投资者在法律程序中的平等对待，充分保护和安全要求各缔约方采取合理的必要措施，确保涵盖投资的有形保护与安全。尽管RCEP文本指出公平公正待遇不等于拒绝司法和不创设额外的实质性权利，而且对充分保护与安全的要求也是合理必要的，但整体上这一规定限制了东道国对外国投资者的义务。

3.征收条款。

在征收与补偿方面，RCEP作出了较为细致的规定。首先在RCEP第10章第13条第1款中明确规定不得对直接对涵盖投资进行征收或国有化或采取与之等效措施。除此之外，明确界定了合法征收，即征收措施的实施若是为了实现公共目的，且以非歧视的方式依照正当法律程序进行，并依照相关条款规定支付了补偿，则该征收即为合法征收。而就其中的征收补偿而言。根据RCEP第10章第13条征收的规定，缔约方如对外国投资进行征收或国有化，应向投资者支付补偿，补偿应及时、充分和有效。同时，根据第13条第2款的规定，补偿的标准应相当于“公开宣布征收时或者征收发生时被征收投资的公平市场价值，两个时间以较早者为准”。

RCEP第10章附件二“征收”专门规范了间接征收的认定标准，强调间接征收需要在案件事实的基础上进行个案判断，政府行为对企业造成的负面经济影响不能单独作为判断间接征收成立的标准，需要充分考虑政府行为的目的，东道国基于公共福利目标而采取的措施不构成间接征收，柬埔寨是发展中国家，因此，其间接征收的判断标准也更倾向于保护东道国的规制权。中国企业赴柬投资要特别关注该风险，尤其是确定投资对象，是不是属于该国公共目的范畴。值得注意的是，对于适用于构成征收的税收措施，当前的RCEP征收条款并未明确其具体的构成征收的条件，根据RCEP第10章第18条的规定，缔约方在不损害其各自立场的前提下，对于适用于构成征收的税收措施，在不迟于本协定生效之日后的两年进行讨论。

4.投资自由转移条款。

RCEP第10章第9条强调了缔约方应该允许与涵盖投资相关的资金和其他经济价值的自由转移，且要确保这些转移能够无迟延地进出其领土，即柬埔寨应保证投资、收入、利润和清算资产等能够自由且无延迟地转移。具体而言，这些涵盖的转移包括7个方面。（1）投入的资本：包括初始投资，即投资者最初投入的资金用于企业或项目的运营和发展。（2）经常性收入：包括利润、资本收益、股息、利息、技术许可使用费、技术援助和技术及管理费、许可费以及其他与涵盖投资有关的经常性收入。（3）出售或清算所得：如果投资者决定出售或清算涵盖投资的全部或部分，所获得的所得应被允许自由转移。（4）根据合同支付的款项：如果根据合同，如贷款协议，需要支付款项，这些款项也应允许自由转移。（5）征收和损失的补偿款项：包括根据RCEP第10章第11条（损失的补偿）和第10章第13条（征收）所获得的款项，这些条款涉及投资者因征收等原因所获得的补偿。（6）解决争端所得：与涵盖投资相关的争端解决而产生的款项，包括司法判决、仲裁或争端方达成的协议。（7）外籍员工的收入和其他报酬：涉及与涵盖投资有关的外籍员工所获得的薪资和其他补偿。与此同时，为保障投资的自由流动和平等待遇，避免货币汇率波动对投资的影响。柬埔寨必须允许涉及投资的资金流动，并且应该使用当时的市场汇率来确定货币金额。

但需要注意，RCEP第10章第9条第3款也对自由转移进行了例外规定，即柬埔寨可以依据的一些公正、非歧视和善意的法律和法规，阻止或延迟涉及投资的转移，以保护特定领域的权益或确保合规性。具体情形包括以下几个方面：一是柬埔寨可以在涉及破产、资不抵债或者保护债权人权利的情况下阻止或延迟资产转移，以维护债权人的权益或确保合理的财务安排。二是就证券、期货、期权或其他衍生品的发行、买卖或交易方面制定法规阻止转移，以防止可能的市场滥用或风险。三是采取措施阻止或延迟涉及刑事犯罪或犯罪所得的资产转移，以确保刑事司法的正常进行和追缴犯罪所得。四是为执法或金融监管部门提供必要协助，确保金融交易的透明度和合规性，防范洗钱、资金非法流动等风险。五是确保涉及司法程序或行政程序的相关裁定、命令或判决得到执行，维护法律的权威和程序的顺利进行。六是可以出于税收、社会保险、退休金等福利安排、雇员的遣散费等方面的考量，限制转移。七是因柬埔寨中央银行和其他主管机关要求的登记和其他手续要求限制转移。

5. 特殊手续和信息披露条款。

RCEP第10章第10条规定，尽管国民待遇原则要求对外国投资者提供平等待遇，但在某些情况下，一个国家仍然可以在涵盖投资方面采取特殊手续，只要这些手续不会实质性地损害另一国家依据协议向投资者和涵盖投资提供的保护。不得将未实质性损害投资保护的手续解释为阻止成员国采取、维持与涵盖投资相关的特殊手续。同时，不得阻止成员国以其他方式获取或披露与其公正善意地适用其法律法规。由此可见，柬埔寨可以要求赴柬投资者提供与投资有关的信息，但其应当尽可能保护另一成员国的投资者提供的任何秘密信息，做好平衡信息透明性与保密性之间的关系的工作，以免损害投资者的合法权益。

6. 紧急状态下损失的赔偿条款。

RCEP第10章第11条规定，对于因武装冲突、内乱或者国家紧急状态使其领土内的投资遭受损失而采取或维持的措施，不得低于成员国在类似情形下给予本国、其他成员国或非成员国的投资者或其投资的待遇。即在国家面临武装冲突、内乱或国家紧急状态等紧急情况下，柬埔寨都要平等对待投资者，无论其是本国投资者还是其他缔约方或非缔约方的投资者，以保护他们的投资权益，并确保他们不会因此类紧急情况而遭受不公平待遇。

7.代位与拒绝授惠条款。

根据RCEP第10章第12条的规定，成员国或成员国指定的机构可行使代位权。即如果一方或其指定的机构基于涵盖投资相关的担保、保险合同或其他形式的补偿向该缔约方的投资者支付了赔偿，涵盖投资所在的另一缔约方应该承认涉及该涵盖投资的任何权利或诉求的代位权或转让。该权利或诉求不得超过该投资的原有权利或诉求。如果一方或其指定的机构已向该缔约方的投资者支付赔偿并已经接管了投资者的权利或诉求，则该投资者不得向涵盖投资所在的另一缔约方主张这些权利或诉求，除非投资者得到支付赔偿的缔约方或其指定机构的授权。而在行使代位权或转让的权利或诉求时，行使此类权利或诉求的缔约方或其指定的机构需要向涉及柬埔寨或柬埔寨的相关机构披露其与投资者达成的诉求安排的范围。

拒绝授惠是国际投资法领域的一个概念，它指的是一个国家拒绝向某个外国投资者或其涵盖投资提供与国内投资者相同的待遇。根据RCEP第10章第14条的规定，柬埔寨可以拒绝将本章下利益授予另一成员国的法人投资者以及该投资者的投资，但要符合两个条件：一是在这些投资受到非成员国控制，二是在拒绝授予优惠的国家以外的任何国家领土内没有实质性经营活动的情况下。这种规定的目的是避免投资者通过第三国实体或在无实质经营的情况下获取不正当的优惠。

（二）投资准入和自由化条款

1.投资准入条款。

准入前国民待遇加负面清单的外资管理模式是RCEP促进投资自由化的重要突破。在RCEP框架下，柬埔寨给予投资者在设立、取得、经营、出售或其他处置方面全过程的国民待遇，然后通过负面清单方式指出限制和禁止外国投资的措施和部门，在负面清单以外的领域均对外国投资者开放，大幅提高了投资准入自由化水平。

除此之外，为推进投资准入自由化，RCEP在WTO基础上扩展了禁止业绩要求范围。根据RCEP第10章第6条的规定，对于柬埔寨来说，第一，其不得设立以下8种业绩要求，即出口实绩、当地含量、购买国货、外汇平衡、限制国内销售、强制技术转让、特定地区销售和规定特许费金额或比例。第二，柬埔寨不能将当地含量、购买国货、外汇平衡、限制国内销售等4种情形作为给予外国投资者优惠的要求。第三，取消对外国高管的特定国籍限制，对董事会成员则有条件进行特定国籍限制。

2.投资自由化条款。

在投资自由化方面，RCEP充分考虑到各个缔约方发展水平的差异，允许各缔约方在负面清单中列出自身的保留和不符措施，使RCEP在维持区域内部规则一致性的同时也能充分尊重各个缔约方的国情，制定差异化的措施。这样分层次的自由化使得RCEP具有更强的操作性，各个成员国方能够将对外开放和本国的发展水平相结合，增强了RCEP成员国间的凝聚力。

（1）关于高级管理人员和董事会成员国籍的规定。

RCEP第10章第7条规定，为保护投资者的管理自主权，缔约方不得要求属于涵盖投资的该缔约方法人任命某一特定国籍的自然人担任高级管理职务。但在不实质性损害投资者对其投资的控制能力的情况下，缔约方可以要求属于涵盖投资的本国法人的董事会或委员会的大部分成员具有特定的国籍或为该缔约方领土内的居民，即在海外投资的过程中，无论是柬埔寨还是其他一些国家，甚至同一国家的不同地域，其规则也可能不同。部分地区会要求投资主体的董事会成员或者高级管理人员拥有当地居民身份，因此需要特别关注，否则可能面临投资主体合规性风险。

（2）保留采取、维持不符措施权利条款。

不符措施是指国际投资协定中特定成员国根据自身政策和法律制度保留、允许或执行的与协定规则不一致的措施。这些措施可以包括一国政府实施的法律、政策、规定、规则、规章、措施等，这些规定可能与协定的特定规则或原则相冲突，但在特定情况下，该国被允许继续实施这些不符合协定的措施。RCEP第10章第8条规定了负面清单的基本纪律。

根据RCEP第10章第8条的规定：首先，国民待遇、最惠国待遇、禁止业绩要求及关于高级管理人员和董事会成员国籍的规定不能适用于柬埔寨在中央政府层级、地区政府层级以及地方政府层级维持的任何现行不符措施以及任何不符措施的延续、更新及修订。但存在例外情况，就柬埔寨而言，要确保修订措施不会与本协定生效之日已经存在的措施相冲突。其次，国民待遇、最惠国待遇、禁止业绩要求及关于高级管理人员和董事会成员国籍的规定不得适用柬埔寨在附件三承诺表清单所列明的对于部门、分部门或活动采取或维持的任何措施。此外，柬埔寨不得基于投资者的国籍要求另一缔约方的投资者出售或以其他方式处置这些措施生效时已存在的投资，除非这些投资在首次获得柬埔寨主管机关批准时另有规定。最后，RCEP投资章节中的国民待遇和最惠国待遇并不适用于符合《与贸易有关的知识产权协定》第5条规定的任何措施①，以及不适用于RCEP第11章知识产权章节中的国民待遇或《与贸易有关的知识产权协定》第3条或

---

① 《与贸易有关的知识产权协定》第5条："为了符合本协定的规定，成员应在其国内法律中规定，权利人在发明、实用新型、工业设计和商标等领域取得的权利，应取决于其所涉及的技术是否具有可适用性和实用性，并且是否对知识产权的当事人和第三方有普遍的、公平的价值。在特定情况下，成员可以规定，权利人在发明、实用新型、工业设计、商标、地理标志、著作权和相关权等领域取得的权利，应取决于是否已经满足一项保密要求。在本协定的其他规定下，成员可以规定，权利人在特定领域取得的权利，应取决于是否已经满足一项使用要求或承诺。"本条规定了权利人在发明、实用新型、工业设计、商标、地理标志、著作权和相关权等领域取得权利的物质性要求，包括技术的可适用性和实用性，以及可能的保密要求、使用要求或承诺。成员国在制定国内法律时需要考虑这些要求，以确保知识产权的保护符合国际标准和本协定的规定。

第4条规定的义务的例外或减损所涵盖的任何措施[①]。

（3）安全例外条款。

RCEP第10章第15条规定，柬埔寨可以出于基本安全利益、履行国际和平或安全的义务、保护其自身根本利益等目的采取必要措施。具体而言，为了保护国家的基本安全，不得要求柬埔寨提供或允许获取可能违背其基本安全利益的任何信息。也不应阻止柬埔寨出于履行维护或恢复国际和平或安全的义务和维护自身根本安全利益的目的而采取其认为必要的措施。除此之外，RCEP第17章第3条的安全例外条款也适用于投资章节。因此，就柬埔寨而言：首先，RCEP不阻止其出于国家安全考虑拒绝披露可能违背其基本安全利益的任何信息。其次，不阻止其采取与核裂变和聚变物质或相关物质有关的行动；与武器、弹药、作战物资交易以及与给军事机关提供其他货物和物资或服务有关的行动；为保护关键公共基础设施（包括通信、电力和水利等）而采取的行动；在国家紧急状态、战时或其他国际紧急情况下采取的保护其基本安全利益的行动。最后，RCEP不应阻止为履行在《联合国宪章》下维护国际和平与安全义务而采取的行动。

综上所述，RCEP上述规定强调了国家安全利益的尊重和保护，同时允许柬埔寨在涉及安全、紧急情况或国际和平维护时采取必要的行动，保障了国家的基本安全权益和行动的自主性。投资者在赴柬埔寨投资过程中，应充分了解RCEP中的安全例外原则，尤其是与国家安全、紧急情况和履行国际义务相关的条款，更好地保障投资权益。

（三）投资促进与投资便利化条款

RCEP投资促进和便利化方面的国际规则对吸引外商投资、营造良好

---

① 《与贸易有关的知识产权协定》第3条和第4条规定的义务的例外或减损：指的是《与贸易有关的知识产权协定》中规定的关于知识产权保护的例外或减损规定。如果某个国家根据这些规定在实际操作中对知识产权保护的义务进行例外或减损，RCEP的国民待遇和最惠国待遇也不适用于这些例外或减损所涵盖的措施。这确保了该国在知识产权领域的特定措施不受RCEP的待遇规定制约。

营商环境以及扩大国际合作都有积极意义。

1.投资促进条款。

RCEP第10章第16条设置了专门的投资促进条款，即缔约方通过以下5种方式努力促进投资并提升自身作为投资地区的认知：第一，鼓励成员国之间的投资，包括直接投资和间接投资，即柬埔寨将鼓励其国内企业在其他成员国开展投资活动。同时也欢迎其他成员国的企业来柬埔寨投资，以促进资本和技术的流动，加强各成员国之间的经济联系。第二，组织联合投资促进活动。这些活动包括举办国际投资论坛、投资研讨会、行业推介会等。通过这些活动，柬埔寨可以向其他成员国的投资者展示其投资环境、优势产业、政策支持等，吸引更多的外国直接投资。第三，促进商业配对。相关企业可以寻找合适的技术、市场、资源等合作伙伴，共同开展投资项目，提高项目的成功率。第四，组织和支持举办与投资机会以及投资法律法规和政策相关的各种介绍会和研讨会。第五，解决成员国关切问题，即就与投资促进等有关的其他共同关心的问题进行信息交流。

2.投资便利化条款。

为了促进投资便利化，RCEP第10章第17条设置了专门的投资便利化条款，要求各缔约方在遵守其法律法规的前提下，通过营造必要投资环境，简化申请及审批手续，促进投资规则、法律法规、政策和程序等相关投资信息传播，建立一站式投资中心或联络中心来便利投资。例如，柬埔寨政府致力于改善投资环境，通过加强基础设施建设、稳定法律法规、打击腐败，以期提供公平竞争的市场环境。不仅如此，柬埔寨投资促进局（CIB）等机构设立了一站式服务中心，为外国投资者和本国企业提供集中的服务，包括申请执照、注册公司、办理工作许可等一系列行政手续，以减少办事流程，提高效率。

最重要的是，在投资者与国家间争端解决机制暂时缺位的情况下，为有效减少争端的发生，避免投资者投诉无门的情况出现，RCEP将投诉机制和争端预防机制加入投资便利化条款中，即RCEP要求缔约方设置政府机构解决投诉及投资者不满。具体而言，包括接收投资者提出的、与影响其涵盖投资的政府行为有关的投诉；以及为解决投资者在与涵盖投资相关的方面遇到的困难提供帮助，有助于畅通外国投资者的投诉渠道，预防争端的发生。

RCEP第10章第17条第3款和第4款的透明度条款在保障投资便利化方面起到关键作用。该条款要求缔约方在多个层面增强透明度，以提高投资环境的可预测性和公平性。这一条款包括两个关键方面：一方面，它强调了国内政府部门之间的合作透明度。缔约国政府应积极创造条件，促进政府主管部门间的信息交流，包括举行会议等方式，以便更好地分享有关投资的信息和方法。另一方面，该条款强调了国际合作透明度的重要性。如果东道国政府机构的行为常常导致外国投资者面临问题或困惑，东道国应建立相应的机制来解决这些问题。这一机制的设立必须遵循透明度和可预测性原则，同时要充分考虑各缔约国的能力和法律法规差异。

（四）暂时搁置的ISDS条款

在许多双边投资协定中，通常包括了解决投资者与东道国之间争议的机制，这就是投资者与国家间争端解决（Investor-State Dispute Settlement，缩写为ISDS）机制。ISDS机制允许投资者以个人身份向东道国提起仲裁，以确保在争端解决时平等对待私人投资者和主权国家，体现了国际投资规则对投资者的保护。同时，ISDS条款也有助于确保东道国和投资者都能够充分遵守投资规则，它是投资规则中的关键要素①。然而，传统的ISDS规则在实际运用中出现了一系列问题，导致其合法性和公正性受到了众多国家政府的广泛批评。世界各国也提出了多种改革ISDS条款的方案，导致ISDS机制面临着较大的不确定性。

国际投资仲裁的裁决对东道国的主权权益造成了巨大的影响，使得许

---

① 廖凡：《投资者—国家争端解决机制的新发展》，《江西社会科学》2017年第10期。

多参与RCEP谈判的成员国对于将投资者与ISDS机制条款纳入RCEP投资章节表示担忧。在RCEP投资章节的谈判过程中，虽然中、日、韩三个国家明确支持将ISDS条款纳入协定，但也有一些国家，例如新西兰、印度尼西亚和马来西亚，对于纳入ISDS条款持强烈反对态度。这种立场分歧给ISDS条款的纳入带来了一定的挑战，也增加了谈判的复杂性。这一分歧的关键在于如何在保护投资者权益的同时，也能够平衡和维护东道国的主权权益。各国必须谨慎权衡，以确保ISDS条款既能为投资者提供保障，又不至于对东道国的主权产生过大的不利影响。对于RCEP的投资章节，各成员国需要在这一问题上达成共识，以确保协定的可行性和广泛接受度。

因此，基于上述背景，目前，RCEP已经临时搁置了ISDS条款的纳入。然而，根据RCEP第10章第18条的规定，各个RCEP缔约方需要在不影响各自立场的前提下，在RCEP生效之日后的两年内讨论ISDS条款，且这一讨论应在开始后的3年内完成。这意味着RCEP在生效之后的相当长一段时间内，将暂不包含ISDS条款。此外，RCEP各缔约方是否能在讨论的时限内达成关于ISDS条款的协议，目前仍是未知。

二、柬埔寨对于RCEP投资文本规则的特别承诺

虽然RCEP缔约方在签署协定后需要实行协定规则，但RCEP缔约方也保留了一定的自主权，可以自行决定本国要遵守的规则。详而言之，柬埔寨可能基于自身的国情、发展需要、政策目标或由于特定规定的立场而对RCEP中的某些投资方面的规则或待遇作出特殊承诺。这意味着在涉及这些特定投资方面，柬埔寨不会受到RCEP的相关规定的约束。这种保留的存在将对前往柬埔寨进行投资的投资者产生影响。投资者需要了解柬埔寨对于RCEP文本规则的特殊承诺条款——这有助于投资者在作出决策时更准确地评估柬埔寨的投资环境和法律框架，以及了解他们在柬埔寨投资时可能会面临的特殊情况。

（一）涵盖投资的特别规定

根据RCEP第10章第1条第1款的规定："涵盖投资是指对于一缔约方而言，在本协定生效之日，已在该方领土内存在的另一缔约方投资者的投资，或已被东道国所接受，并遵循其相关法律、法规和政策（如适用）所设立、获取或扩大的投资。"其中，就柬埔寨而言，"已接受"是指"视情况而定，已经个案登记或书面批准"，即柬埔寨将"涵盖投资"限于经过个案登记或书面批准的投资。据此，投资者在柬埔寨开展投资时，应依照当地规定及时办理和完成必要的批准、登记或注册手续并取得相应的书面凭证，方可享受RCEP约定的投资保护。根据柬埔寨现行法律，外国投资者在柬埔寨进行商业活动均需在当地设立合法实体，外国投资者可通过设立子公司/合资公司、分公司或代表处的形式在柬埔寨进行商业活动[①]。而在柬埔寨设立公司、代表处或者分公司，均须向柬埔寨发展理事会申请许可证，该机构实行一站式审批。柬埔寨理事会下设"柬埔寨投资委员会"和"柬埔寨重建与发展委员会"两个委员会，分别主管私人投资（包括外资）与公共投资（政府发展项目、接受外援等）业务。总之，外国投资者在柬投资的组织实体设立形式由柬埔寨发展理事会根据其国内相关法律规定批准设立。

（二）投资待遇条款中最惠国待遇的保留适用

最惠国待遇是国际经贸领域中的一项重要原则，它要求在某国对一国或多国提供特定优惠时，必须将这种优惠同样提供给其他国家，确保对待所有国家平等。然而，RCEP第10章第4条规定，对于涉及柬埔寨的投资者以及在柬埔寨的涵盖投资，不适用最惠国待遇原则。具体而言：

---

① 外国投资者在柬埔寨组织实体设立形式有3种。（1）子公司及合资公司：此两种形式是在柬埔寨投资BOT项目较为常用的当地实体形式。其可以从事的商业活动与当地公司相同，但需要受到负面清单的限制，且获得土地所有权。（2）分公司：可以从事的商业活动与子公司和合资公司相同，但无法向柬埔寨发展委员会申请投资激励。（3）代表处：不得从事包括购买和销售商品、提供服务等在内的具体商业活动。

RCEP第10章第4条共包括3个条款。第1款强调了平等待遇的原则。它指出，每个RCEP缔约方在投资的设立、取得、扩大、管理、经营、运营、出售或其他处置方面，都必须给予另一RCEP缔约方的投资者的待遇，至少不低于其在同样情况下给予任何其他RCEP缔约方或非RCEP缔约方投资者的待遇。这意味着在类似的投资条件下，各缔约方对待投资者的态度应当一视同仁，避免对不同来源的投资者造成歧视。第2款进一步明确了待遇的要求，尤其强调了涵盖投资的待遇。根据这一规定，每个RCEP缔约方在投资的设立、取得、扩大、管理、经营、运营、出售或其他处置方面，对涵盖投资的待遇应不低于其在类似情况下给予任何其他RCEP缔约方或非RCEP缔约方投资者在本国领土内投资所获待遇。这确保了涵盖投资领域内，外国投资者能够在RCEP缔约方国家享受与本国投资者相当的待遇。第3款着重澄清了这些待遇原则的范围。它明确表示，前述第1款和第2款所指的待遇并不包括任何其他现存或未来国际协定项下的国际争端解决程序或机制。这意味着这些原则关注的是待遇的平等性，而不涉及具体争端解决方式的规定。

但上述规定不适用于柬埔寨、老挝、缅甸和越南。这表示这些国家的投资者以及这些国家内的投资，将受到各自国家法律和政策的约束，而不受上述3个条款的规范。这反映了柬埔寨等国在协定谈判中对于投资规则中最惠国待遇的特殊立场和保留。这意味着投资者在考虑到柬埔寨等国投资时，应注意柬埔寨在RCEP协定框架内对于最惠国待遇原则应用享有一定的灵活性。

（三）禁止业绩要求条款的特别适用

禁止业绩要求指的是在某些情境下，法律、合同或政策规定，为了确保商业交易和经济活动的公平性、合理性和稳定性，禁止一方对另一方在特定业务活动中达到特定目标或标准提出强制性的要求，其通常会在商业合同、投资协议、国际贸易协定等中出现。RCEP第10章第6条对于禁止业绩要求作出了全面规定，即要求成员国不得施加或强制执行业绩要求，但RCEP第10章第6条第1款第6项和第8项对于柬埔寨并不适用。

第一，根据RCEP第10章第6条第1款第6项规定，RCEP缔约方不能要求投资者将特定的技术、生产流程或其他专有知识转让给其领土内的人。这意味着投资者在进行业务活动时不会因为国内的法规或政策被要求共享其专有的技术或知识。

第二，为保护许可合同的稳定性和合法权益，避免政府通过干预方式扰乱商业契约的正常运作。RCEP第10章第6条第1款第8项对许可合同禁止业绩要求作出了规定，即若一国政府通过规定特定比率或金额的特许费或采取立法、行政措施、政策规定等非司法性质的政府职权直接影响到许可合同的执行或干预了已经存在的许可合同的执行，那么这种行为被视为该国政府在行使非司法性质的政府职权下对该许可合同的直接干预。但要注意，本法条并不适用于由投资者与国家签订的许可合同。

综上所述，柬埔寨对于技术转让、生产流程或专有知识转让禁止业绩要求和许可合同禁止业绩要求作出了保留。这些保留可能会对投资者的商业计划、技术共享和合同履行产生一定的影响。因此，投资者对柬投资过程中，应充分了解当地的法律和政策，并在制定投资计划时谨慎考虑潜在的法律限制和风险。

（四）保留和不符措施条款的特别规定

根据RCEP第10章第8条第1款第3项1目的规定："对于柬埔寨、印度尼西亚、老挝人民民主共和国、缅甸和菲律宾，就涉及第十章第三条（国民待遇）、第十章第四条（最惠国待遇）、第十章第六条（业绩要求）和第十章第七条（高级管理人员和董事会）而言，该修订不降低该措施与本协定生效之日已经存在的措施的一致性。"联系前文所述的保留和不符措施条款内容，RCEP第10章投资章节所包含的国民待遇、最惠国待遇、禁止业绩要求及关于高级管理人员和董事会成员国籍的规定条款在以下情况下不适用：一是如果某个缔约国在不同政府层级（中央政府、地区政府、地方政府）维持了现行的一些在该国附件3（服务与投资保留及不符措施承诺表）清单一中有明确列明的不符合这些条款的措施；二是这些不符措施在该国得以延续或立即更新、修订，但对于柬埔寨、印度尼西亚、老挝、缅甸和菲律宾这几个国家来说，在涉及这些条款时，修订后的措施不得降低协定生效之日已经存在的措施的水平。由此可见，在涉及第10章的国民待遇、最惠国待遇、禁止业绩要求、高级管理人员和董事会等特定条款时，柬埔寨可以继续维持其已有的不符合协定规定的政策措施，且对现存不符措施的修订不得降低已存在的措施的水平。

（五）征收条款的特殊规定

RCEP投资章节下的合法征收应满足为了公共目的、以非歧视的方式进行、支付补偿、依照正当法律程序进行4个条件。柬埔寨对于征收条款的特殊规定便体现在支付补偿条件涉及的对于征收之日的规定上。根据RCEP第10章第13条第2款的规定：首先，补偿应无延迟支付，即补偿应当迅速支付，不能有不合理的延迟。其次，补偿不反映提前公开信息引起的价值变化，即补偿金额应该反映被征收投资的公平市场价值，而不应受到因征收意图提前公开而导致的价值变化的影响。再次，可有效实现和可自由转移，即补偿款项应该能够有效实现并且被征收方有权自由转移。最后，补偿价值应相当于公开宣布征收时或者征收发生时被征收投资的公平市场价值，两个时间以较早者为准。其中就柬埔寨而言，为计算被征收投资的公平市场价值，征收之日是指主管机关发布征收决定的日期，即就柬埔寨而言，补偿价值的计算应按照柬埔寨主管机关发布征收决定之时公平市场的价值。

第三节 柬埔寨在RCEP投资领域的开放承诺

“准入前国民待遇+负面清单”制度是RCEP投资规则达成的极重要的成果之一。在RCEP文本中并未直接出现“负面清单”字眼，而是将负面清单有关的条款分布在第8章和第10章中。就投资规则中的负面清单制度而言，第10章第8条保留和不符措施条款规定了负面清单的基本纪律，投资保留和不符措施承诺表（协定附件3）则列出了各成员方关于投资领域的不符措施清单。一般而言，成员方在RCEP对其生效后，应给予其他成员方投资者非歧视的待遇，特别是在市场准入方面，除非该成员方在投资负面清单中作出保留。[①]

一、RCEP投资规则中的负面清单

RCEP投资规则负面清单模式可分为两大类。第一类是以日本、韩国、澳大利亚、文莱、马来西亚、印度尼西亚和新加坡等7个国家为代表，在投资和服务贸易领域均全面采用负面清单模式，并将服务与投资领域的不

① 《〈区域全面经济伙伴关系协定〉（RCEP）投资规则释疑》，中华人民共和国商务部网站，http：//tfs.mofcom.gov.cn/article/bc/202202/20220203281702.shtml。

符措施在RCEP附件3中进行合并规定。第二类则是以中国、越南、老挝、柬埔寨、缅甸、泰国、菲律宾和新西兰等8个国家为代表，在投资领域采用的是负面清单模式，而在服务贸易领域采用的是正面清单模式，即上述8个国家在RCEP附件3中仅规定了投资领域的不符措施清单。显然，第一类负面清单在开放程度上要高于第二类。

根据RCEP协定附件3的规定，从清单结构上看，各成员国负面清单均包括清单A和清单B两个清单。清单A列明的是目前存在的不符措施，是不受投资章节的国民待遇、最惠国待遇、禁止业绩要求、高级管理人员和董事会条款所施加的义务约束的措施。这些措施在过渡期内会遵循冻结规则，过渡期结束后将遵循更严格的棘轮规则。冻结规则意味着成员国在协定生效后不能降低现有不符措施的程度，而棘轮规则更加严格，要求任何修改不得降低外资已享受的待遇，确保投资者获得更稳定的投资环境和更高水平的保护。根据规定，大部分成员国的过渡期为5年，但最不发达国家和特定成员国可以豁免棘轮规则。此外，清单A中必须明确列出相关国内法依据，以增强透明度。负面清单并不是固定不变的。在满足冻结机制和棘轮机制的前提下，成员国有权对列入清单A的措施进行修订。清单B则列明了RCEP成员国的一些敏感领域，即列出了可以维持现有措施，采取新的或更具限制性措施的特定部门、分部门或活动，这些措施不符合投资章节的国民待遇、最惠国待遇、禁止业绩要求、高级管理人员和董事会等条款所施加的义务。

从内容上来看，成员国不符措施清单主要包括以下部分内容：

一是部门、行业和分类编码。在负面清单中，各项不符措施首先列明其针对的部门和行业，既包括针对所有部门的水平型措施[①]，也包括针对特定行业的非水平型措施，如农业、林业、矿业、渔业等基础行业以及电信、医疗、教育等服务业部门。部分成员国还在负面清单中按不同的分类

① 水平型措施将标记为“所有部门（ALL Sectors）”。

标准给出相应的产业编码[①]。

二是不适用的正面义务。负面清单中的不符措施既可能不适用于某一条或多条正面义务。对于第一类负面清单，在国民待遇、最惠国待遇、禁止业绩要求、高级管理人员和董事会成员的正面义务的基础上增加了市场准入和本地存在等两项正面义务。第二类由于不涉及服务贸易领域，因此只对应国民待遇、最惠国待遇、禁止业绩要求、高级管理人员和董事会成员等四项正面义务[②]。

三是政府级别。政府级别是指以明确措施的适用范围和效力。在RCEP中，政府级别一般分为中央和地方两种。中央级别指该不符措施在全国范围内均适用，地方级别一般会在措施描述中注明具体适用的地域范围。

四是措施描述。采用第二类负面清单的国家一般不会注明该不符措施所涉及的领域，而是默认每一项不符措施都只涉及投资领域。而采取第一类负面清单的国家往往会按照领域将不符措施分成3个种类：第一种不符措施与第二类负面清单相同，只涉及外国投资；第二种只针对涉及行业的服务贸易；第三种既涉及服务贸易又涉及投资。

五是措施来源。措施来源列出缔约国实施该项不符措施所依据的法律、法规或其他措施，这里的法律法规不仅包括本国立法部门制定的宪法、法律，以及行政部门或地方政府发布的文件或规定，还包括与其他国家达成的、被其他缔约国认可的国际协定，主要集中在环保、原子能和远洋捕捞等方面[③]。

---

① 中国、澳大利亚、文莱、韩国、马来西亚、新西兰没有在不符措施中提供相应的产业分类编码，越南、泰国、菲律宾、柬埔寨、老挝、缅甸、印度尼西亚提供了按国际标准产业分类的ISIC rev 3.1或ISIC rev 4.0产业编码，新加坡使用了联合国统计办公室规定CPC产业分类编码，日本则提供本国使用的日本产业分类编码JSIC。

② 柬埔寨、老挝、缅甸和越南四国不适用于RCEP第10章第4条“最惠国待遇”条款，其负面清单的全部不符措施均视作不适用于最惠国待遇义务。

③ 陆建明、姚鹏：《RCEP负面清单制度及中国的发展方向》，《亚太经济》2022年第4期，第147页。

二、柬埔寨在RCEP投资领域作出的保留及不符措施承诺

RCEP是柬埔寨首次在自贸协定项下以负面清单形式对投资领域给予高水平开放承诺。负面清单的核心理念便是“法无禁止即可为”，各国除在附件中明确列出的不符措施外，不得在投资和服务贸易领域采取新的限制。因此，比较和分析RCEP中关于柬埔寨的负面清单文本，对于考察该国的保护行业和限制措施具有重要价值。

（一）柬埔寨负面清单不符措施数量

负面清单不同部分中不符措施数量上的差异，可以在一定程度上反映各缔约国在投资或服务贸易领域的开放程度。柬埔寨在清单A中的不符措施有10项，是使用第二类负面清单的8个国家中第三多的；在清单B中有12项不符措施，是使用第二类负面清单的8个国家中倒数第二少的。上述两点反映了柬埔寨在投资领域具有较高的开放水平。

（二）柬埔寨负面清单不符措施限制行业分析

根据RCEP附件3《柬埔寨投资保留及不符措施承诺表》规定，柬埔寨在负面清单中不符措施所限制的行业集中于农业（含林业、牧业、渔业）、采矿业、制造业，与此同时，其对房地产行业也保留了不符措施。从限制层次来看，柬埔寨的不符措施以准入型限制措施为主，为16项，非准入型限制措施有6项，就准入型限制措施而言，其强度普遍比较高，可以说柬埔寨是准入型限制措施使用比例较高的国家。具体而言：

1. RCEP清单A中的投资保留及不符措施。

柬埔寨投资保留及不符措施表的清单A涉及的具体措施共有10个，包括：（1）与土地所有权和使用权相关的措施；（2）与雇佣、人员管理相关的措施；（3）与投资组合有关的措施①；（4）与麻醉药物和精神药物制造方面相关的措施；（5）与有毒化学品生产和杀虫剂制造有关的措施；

---

① 投资组合投资是指投资者通过购买和持有多种金融资产（如股票、债券、基金等）来构建一个投资组合，以实现资本增值或分散风险的投资策略。这种投资通常涉及在金融市场购买和持有证券或其他金融工具，而不涉及直接控制或管理企业。

（6）植物种植权方面的措施；（7）与渔业活动有关的措施；（8）与林业活动有关的措施；（9）与采矿业、油气开采有关的措施；（10）与基础设施项目投资有关的措施。

其中，与土地所有权和使用权相关的限制措施不受国民待遇和最惠国待遇所施加义务的约束。与雇佣和人员管理、采矿业投资和油气开采等活动有关限制措施不受国民待遇、禁止规定性要求以及高级管理人员和董事会成员所施加义务的约束。在投资组合、麻醉药物和精神药物的制造、植物种植权、渔业、林业及林业相关产业活动中实施的限制措施，不受国民待遇和高级管理人员及董事会规定所施加的义务约束。在有毒化学品和杀虫剂制造等相关活动中实施的限制措施不受国民待遇、最惠国待遇以及高级管理人员和董事会规定的约束。清单A中的第10项，针对投资资本达到5000万美元以上的涉及政治敏感问题、可能对环境产生负面影响、涉及基础设施特许权的长期性投资项目需要由柬埔寨部长委员会审批。针对上述投资项目，部长委员会有权进一步制定国民待遇、禁止业绩要求、高级管理人员和董事会的规定。此外，禁止规定性要求和高级管理人员及董事会的规定不适用于与小型和中型企业税收优惠有关的任何措施[①]。

综合柬埔寨在协定清单A中的投资保留及不符措施，其中有6项为部门承诺，主要涉及农业、林业、渔业、制造业、采矿业领域。4项为适用所有部门的水平承诺。总体来看，柬埔寨的投资开放水平较高。

值得注意的是，根据清单A第2条的规定，柬埔寨自协议生效日起的24个月内，在有关的不符合规定的措施在协议生效日存在的前提下，有权对本清单中的条目进行增加、撤回或修改。其应向其他缔约方通知此类增

---

① 小型或中型企业：一是至少使用60%的本地内容，即企业在生产过程中，至少要使用60%来自本地供应链的材料、零部件、劳动力等。二是增加员工人数至少20%。企业需要增加员工数量，至少达到当前就业人数的20%。设立在小型和中型企业集群中，即企业要选择位于小型和中型企业聚集区的位置。综上，针对符合上述条件的小型或者中型企业，不再适用于“禁止业绩要求”和“高级管理人员及董事会规定”。

加、撤回或修改，包括相关的法律和法规。此类增加、撤回或修改将在通知之日生效。

2. RCEP清单B中的投资保留及不符措施。

柬埔寨在RCEP清单B中的大多数承诺与柬埔寨政治、安全等利益相关，如国防、土地、少数民族特殊群体、电力、农业等，同时对国有企业也予以保留，旨在为柬埔寨未来经济发展争取较高的发展动力与灵活的政策空间。

柬埔寨在RCEP清单B中的投资保留及不符措施承诺共有12项，其中2项为特定部门承诺，10项为适用所有部门水平承诺。就具体部门而言，包括：保留采取或维持与微型、小型和中型企业相关的特殊优惠或待遇的权利；保留就补贴问题采取或维持任何措施的权利；保留采取或维持在任何双边或多边国际协议或安排中和在任何东盟协议中对东盟成员国实施差异待遇措施的权利；保留采取或维持任何与农业工业、为农业提供支持的工业、旅游和纺织业、文化、历史或传统手工艺以及所有上述部门或产业的附带服务有关的措施的权利；保留采取或维持与国防、公共秩序和安全有关的任何措施的权利；保留采取或维持任何已经或将要由地方政府或当局采取的对投资者或投资产生影响的措施的权利以及在房地产开发、供应、管理、销售和租赁服务措施权利；保留赋予社会或经济上处于劣势的群体，如残疾人和少数民族，特定的权利或优惠的权利；制定或维持与国有企业（这些国有企业包括电力、金融、农业、水务和贸易等领域的企业）管理和运营相关的政策或法规；保留对服务业投资进行监管和管理的权利，以确保国家的法律、法规或政策不违反RCEP中规定的服务贸易领域义务；保留对中央政府已经或将来将要采取或维护的各种政策、法规、措施等进行调整或维持的权利；保留采取或维持与土地相关的任何措施，包括土地的获取、所有权、租赁、土地使用政策、土地规划、土地使用期限以及土地使用者的权利和义务。

综上所述，柬埔寨作为中国重要的经济合作伙伴在RCEP投资领域适用规则深刻反映出其国内经济发展的最新进展，彰显了较高的对外投资开放水平，为中国的企业提供了更多、更透明的市场准入机会，在这样的政策红利之下，有意到柬埔寨开展投资的投资者在评估投资机会时可采取以下思路：首先，查询柬埔寨在RCEP投资承诺的负面清单，确定自身投资目标行业是否属于该国限制外商投资的行业。如果答案为否，则可按照柬埔寨的国内法规定办理登记、注册、备案后开展投资。其次，如果目标行业属于柬埔寨外商投资限制行业，则投资者应研读该国的投资管理制度，了解具体的限制条件以及申请投资批准的要件。如果投资者仍有意投资并且可满足相关审批要件，则可尝试申请相关的批准。最后，如果投资者判断申请投资批准的要件难以满足，则可进一步查阅柬埔寨的投资促进政策，评估项目是否可享受投资促进待遇。如答案是肯定的，那么投资者可争取申请该等优惠待遇，在实现项目落地的同时获得投资利益的最大化。

投资者在筹划对柬埔寨开展投资时，需要结合RCEP投资规则与柬埔寨的相关投资制度，综合分析、比较和权衡。唯有如此，投资者才能在规避投资障碍的同时，最大限度地挖掘投资机会、保护投资权益。中国投资者赴柬投资不仅要充分运用RCEP中的投资规则，也应善于运用中柬之间签署的与投资有关的自贸协定或者双边投资协定。当前，中柬两国签署的与投资规则相关的区域协定除RCEP外，还包括《中柬自由贸易协定》《中国—东盟投资协定》《中柬双边投资促进和保护协定》《中国—东盟自由贸易协定》等，归纳上述协定关系，RCEP投资规则是在原有《中国—东盟自由贸易协定》投资规则的基础上实现的全面整合与提升。而与RCEP同时生效的《中柬自由贸易协定》则是在《中国—东盟投资协定》和《中柬双边投资促进和保护协定》的基础上为进一步深化中柬双边投资合作，促进中柬双方贸易合作发展的新型双边经贸协定合作的重要支柱。当前，RCEP与《中柬自由贸易协定》互为补充。投资者赴柬投资过程中，若不能在RCEP投资规则找到依据或对RCEP投资规则不清楚，则应研究《中柬自由贸易协定》的投资规则，当然还有柬埔寨国内法，这样才能依靠法治保障对柬投资。

附　录

怎样到RCEP成员国投资

柬埔寨篇

中国驻柬埔寨主要政府部门和相关机构一览表
（截至2023年9月1日）

序号	机构名称	联系方式
1	中华人民共和国驻柬埔寨王国大使馆	地址：柬埔寨金边市毛泽东大道156号（No.156, Mao Tse Toung Blvd，Phnom Penh，Cambodia） 电话：00855-23-720922 邮箱：chinaemb_kh@mfa.gov.cn 信箱：26信箱（P.O.BOX 26） 网址：http：//kh.china-embassy.org http：//kh.chineseembassy.org 政治处：00855-（0）23220716（座机） 武官处：00855-（0）23720926（传真）
2	中华人民共和国驻柬埔寨王国大使馆经济商务处（经商处）	地址：柬埔寨金边市莫尼旺大道432C号（No.432C，Monivong Blvd，Phnom Penh） 电话：00855-23-720598（工程承包、劳务） 00855-23-721649（培训） 00855-23-720149（投资贸易） 00855-23-721437（援外） 传真：00855-（0）23-210861 邮箱：cb@mofcom.gov.cn 网址：http：//cb.mofcom.gov.cn
3	中华人民共和国驻柬埔寨王国大使馆领侨处	地址：柬埔寨金边市毛泽东大道156号（No.156，Mao Tse Toung Blvd，Phnom Penh，Cambodia） 电话：00855-（0）23-210206（领事保护） 00855-（0）12-901937（证件咨询） 00855-（0）11-572624（中国公民证件咨询专线） 传真：00855-（0）23-720922 邮箱：phnom-penh@csm.mfa.gov.cn （中国公民证件咨询邮箱） phnom-penh_lb@csm.mfa.gov.cn （中国公民领事保护、侨务工作咨询邮箱）

续表

序号	机构名称	联系方式
4	中华人民共和国驻柬埔寨王国大使馆驻暹粒领事办公室	地址：柬埔寨暹粒省暹粒市诗威丹空区沙拉甘西昂村第6组99街899号（No.899，Street 99，Group 6，Salakansieng Village，Svay Dankom Commune，Siem Reap District，Siem Reap Province，Cambodia） 电话：00855-（0）63766523（座机/传真） 00855-（0）78946178（24小时领事保护手机） 传真：00855-（0）63766523（座机/传真） 邮箱：consulate_sr@mfa.gov.cn
5	中华人民共和国驻柬埔寨王国大使馆驻西哈努克领事办公室	地址：柬埔寨西哈努克省西哈努克市3分区洪森大道28号（No.28，Street 28 Mithona，Sangkat 3，Sihanoukville Municipality，Sihanoukville Province，Cambodia） 电话（临时）：00855-（0）61983749（24小时领事保护手机） 邮箱：consulate_shv@mfa.gov.cn
6	中国工商银行金边分行	办公地址：柬埔寨金边106街19—20号交易广场17楼（17th Floor，Exchange Square，19-20 Street 106，Phnom Penh，Cambodia） 邮编：12202 电话：00855-23955880 00855-23955888（24小时服务） 邮箱：icbckh@kh.icbc.com.cn 网址：www.icbc.com.kh 微信号公众：ICBCKHPP
7	中国银行金边分行	地址：柬埔寨金边市莫尼旺大道315号加华大厦1、2层（Bank of China Limited Phnom Penh Branch Canadia Tower，1st &2nd Floor，315 Ang Duong St，P.O.BOX 110，Phnom Penh，Cambodia） 电话：00855-23-988886（总机） 00855-23-988886（客户服务电话） 00855-23-988880（公司业务部） 传真：00855-23-988885（个人业务部） 邮箱：service.kh@bankofchina.com

柬埔寨主要政府部门和相关机构一览表
（截至2023年9月1日）

序号	机构名称	联系方式
1	柬埔寨外交与国际合作部	地址：柬埔寨王国金边市钦差康区通布萨克桑德赫洪森街3号（No.3，Samdech HUN Sen Street，Sangkat Tonle Bassac，KhanChamkamon Phnom Penh，Kingdom of Cambodia） 电话：00855-23-214441 传真：00855-23-216144 邮箱：mfai@mfaic.gov.kh 网址：http：//www.mfaic.gov.kh
2	柬埔寨土地管理、城市规划和建设部（国土、城市规划与建设部）	地址：柬埔寨王国金边市信萨区坎森索克区坎森萨圣卡胡蒙街307号地块2005（Lot 2005，Street 307，Sangkat Khmuonh，Khan Sen Sok，Phnom Penh，Kingdom of Cambodia） 电话：00855-23215659 邮箱：mlmupc.caninet@gmall.com 网址：http：//www.mlmupc.gov.kh
3	柬埔寨商务部	地址：柬埔寨王国金边俄罗斯大道（110号）19—61号（No.19-61，Confederation de la Russie Blvd［110］Phnom Penh，Cambodia） 电话：00855-023866188 邮箱：cabinet.info@moc.gov.kh 网址：http：//www.moc.gov.kh
4	柬埔寨经济和财政部	地址：柬埔寨王国金边市坎道音本区沙加特瓦特普诺姆区第92街（Street 92，Sangkat Wat Phnom，Khan Daun Penh，Phnom Penh） 电话：00855-234289066 网址：http：//www.mef.gov.kh

续表

序号	机构名称	联系方式
5	柬埔寨海关与税务司	地址：柬埔寨王国金边市大道诺罗敦大道6—8号（6-8，Preah Norodom Blvd.，Sangkat Phsar Thmei I，Khan Daun Penh，Phnom Penh，Cambodia.） 电话：00855-23214065 传真：00855-01723877 00855-010404443 电邮：info-pru@customs.gov.kh 网址：http：//www.customs.gov.kh
6	柬埔寨环境部	地址：柬埔寨王国金边市桑园区区巴塞河橡胶路503号地块（House No.503，Street Ka Suo Amo，Sangkat Toul Sangke，Khan Chamkar Mon，Phnom Penh，Cambodia.） 电话：00855-23213908 00855-23220369 传真：00855-023212540 邮箱：info@moe.gov.kh 网址：http：//www.moe.gov.kh
7	柬埔寨农林渔业部	地址：柬埔寨金边市汗道恩边市罗敦圣剑大道200号（#200 Preah Norodom Boulevard，Sangkat Tonle Basak Khan Chamkarmon，Phnom Penh，Cambodia） 电话：00855-12 404 727，16 844 999 传真：00855-23 217 320 邮箱：cambodiacitesmaff@gmail 网址：https://maff.gov.kh/
8	柬埔寨矿产能源部	地址：柬埔寨王国金边市汗道恩边新商圈3区巴斯德街89号79号（51号）（No.79，89 Pasteur Street［51］，a new shopping district 3，Khan Daun Penh，Phnom Penh） 电话：00855-23219574 邮箱：info@mme.gov.kh 网址：http：//www.mme.gov.kh

续表

序号	机构名称	联系方式
9	柬埔寨内政部（内阁办公厅）	地址：柬埔寨王国金边市诺罗洞大道275号（#275 Preah Norodom Boulevard，Phnom Penh） 电话：00855-023721905 00855-023726052 00855-023721190 邮箱：info@interior.gov.kh 网址：http：//www.interior.gov.kh
10	柬埔寨劳动与职业培训部	网址：http：//www.mlvt.gov.kh
11	柬埔寨国家银行	地址：柬埔寨王国金边市汗道恩边区塔山寺102街88号地块19街角（#88 Street 102 Corner Street 19 Sangkat Wat Phnom，Khan Daun Penh，Phnom Penh，Cambodia） 电话：00855-722 563、722 221 传真：00855-426 117 邮箱：nbccommunication@nbc.gov.kh 网址：https：//www.nbc.gov.kh
12	金边市政府	地址：柬埔寨王国金边首都厅行政办公室（#69，Preah Monivong Blvd.，Sangkat Srah Chak，Khan Daun Penh，Phnom Penh） 电话：00855-23722054 传真：00855-23725626 邮箱：info@phnompenh.gov.kh 网址：http：//www.phnompenh.gov.kh
13	柬埔寨投资委员会（CIB）	地址：柬埔寨金边市12000西索瓦码头政府宫（Government Palace，Sisowath Quay，Phnom Penh 12000） 电话：00855-99799579 网址：http：//www.cdc.gov.kh
14	柬埔寨驻华大使馆	地址：北京市东直门外大街9号（No.9，Dong zhi Men Wai Da Jie） 电话：010-65321889 传真：010-65322507 邮箱：camemb.cbn@mfaic.gov.kh

续表

序号	机构名称	联系方式
15	柬埔寨驻上海总领事馆	地址：上海市天目中路267号蓝宝石大厦12楼A座（A/12 F，The Sapphire Tower，267 Middle Tianmu Road，Shanghai） 电话：021-51015850 传真：021-51015857 领区：上海、浙江、江苏、安徽
16	柬埔寨驻南宁总领事馆	地址：广西壮族自治区南宁市青秀区中国—东盟商务区桂花路16-6号（16-6 Guihua Road，CHINA-ASEAN Business District，Nanning，Guangxi） 电话：0771-5672358 传真：0771-5672358 领区：广西
17	柬埔寨驻昆明总领事馆	地址：云南省昆明市白云路258号官房大厦14楼（14F，Guanfang Plaze，258 Baiyun Road，Kunming，Yunnan Province） 电话：0871-63317320 传真：0871-63316220 领区：云南、贵州、四川
18	柬埔寨驻重庆总领事馆	地址：重庆市渝中区民族路188号环球金融中心29楼（29F，Chongqing World Financial Center，188 Minzu Road，Yuzhong District，Chongqing） 电话：023-63113666 传真：023-63113300 领区：重庆、湖北、湖南
19	柬埔寨驻广州总领事馆	地址：广东省广州市越秀区环市东路368号花园酒店东楼804—808室（CHANCERY：Room 804-808，Garden Tower，368 Huanshi Dong Road，Yuexiu District，Guangzhou，Guangdong Province） 电话：020-83879005 传真：020-83879006 领区：广东、福建

续表

序号	机构名称	联系方式
20	柬埔寨驻海口总领事馆	地址：海南省海口市龙华区滨海大道77号中环国际广场8楼808室（Room 808，8F，Central International，77 Binhai Road，Longhua District，Haikou，Hainan Province） 电话：0898-65202777 传真：0898-65202777 领区：海南
21	柬埔寨驻香港总领事馆	地址：尖沙咀梳士巴厘道3号星光行12楼1218室（Unit 1218，12 floor，Star House，number 3 Salisbury Road，Tsim Sha Tsui） 电话：+852-2546 0718 传真：+852-2803 0570 邮箱：cacghk@netvigator.com/camcg.hk@mfaic.gov.kh
22	柬埔寨驻济南总领事馆	地址：山东省济南市高新区经十路7000号汉峪金融商务中心五区三号楼（云鼎大厦）48楼1室（Room 1，48F，Building 3-A5 [Yunding Building]，Hanyu Business Center，7000 Jingshi Road，High-tech District，Jinan，Shandong Province） 电话：0531-88686001 传真：0531-88686001 领区：山东

柬埔寨主要商协会（社团）及咨询机构一览表

（截至2023年9月1日）

序号	商协会（社团）名称	联系方式
1	柬华理事总会	地址：柬埔寨王国金边市水净华繁荣城（Rung Reung City，Chroy Changvar District，Phnom Penh） 电话：0855-23364266 邮箱：assoc_khmer_chinese@hotmail.com 网址：http：//khmer-chinese.com/
2	柬埔寨制衣厂商协会（TAFTAC）	地址：柬埔寨王国金边市NR4路金边经济特区（Phnom Penh Special Economic Zone，Road NR4，Phnom Penh，Cambodia） 电话：0855-236228888 0855-888122133（柬埔寨语和英语） 0855 88 8080 228（中文） 邮箱：info@taftac-cambodia.org 网址：http：//www.taftac-cambodia.org/
3	柬埔寨大米联盟（CRF）	地址：柬埔寨金边马卡拉7区威旺街道182号奥林匹亚城财富大厦C7号8楼819室（room 819，8th floor，Fortune Tower C7，Olympia City，Street 182，Sangkat Veal Vong，Khan 7 Makara，Phnom Penh，Cambodia） 电话：00855-76 655 9899（办公室工作） 00855-93 300 496（行政/财务经理） 邮箱：info@crf.org.kh 网址：http：//www.crf.org.kh/
4	鼎峰律师事务所 Dingfeng Law Firm 鼎峰RCEP研究院 Dingfeng RCEP Research Institute 罗章武律师事务所驻中国（广西）代表处 CW Loh & Associates Representative office in China（Guangxi）	地址：广西壮族自治区南宁市青秀区中越路7号金旺角·CASA国际公馆B座1906号（1906，Block B，Jinwangjiao·CASA International Residence，No. 7，Zhongyue Road，Qingxiu District，Nanning，Guangxi Zhuang Autonomous Region，China） 电话：（0086）0771-5709688/8981 邮箱：dingfenglawfirm@foxmail.com 网址：https：//dingfenglawyer.com/

参考文献

［1］江苏漫修律师事务所．“一带一路”建设中的涉柬埔寨法律服务［M］．苏州：苏州大学出版社，2018．

［2］卢光盛，卢军，黄德凯．柬埔寨外商直接投资法律制度研究［M］．广州：世界图书出版公司，2018．

［3］王贵国，李鋈麟，梁美芬．“一带一路”沿线国家法律精要（柬埔寨、马来西亚、新加坡卷）［M］．杭州：浙江大学出版社，2019．

［4］朱陆民，崔婷．中国对柬埔寨直接投资的政治风险及化解路径［J］．国际关系研究，2018（1）．

［5］张协奎，苏彩虹．中国企业投资柬埔寨基础设施建设探讨：中国—东盟国家互联互通建设系列研究之一［J］．广西大学学报（哲学社会科学版），2018（2）．

［6］杨建学．中国仲裁论丛：第一卷［M］．北京：法律出版社，2019．

［7］李双元，欧福永．国际私法［M］．北京：北京大学出版社，2018．

［8］许伟功．国际商事仲裁理论与实务［M］．武汉：华中科技大学出版社，2017．

［9］宋连斌．国际商事仲裁管辖权研究［M］．北京：法律出版社，

1999.

［10］宋航．国际商事仲裁裁决的承认与执行［M］．北京：法律出版社，2000.

［11］赵健．国际商事仲裁的司法监督［M］．北京：法律出版社，2000.

［12］艾伦·雷德芬，马丁·亨特．国际商事仲裁法律与实践［M］．林一飞，宋连斌，译．北京：北京大学出版社，2005.

［13］赵秀文．国际商事仲裁法［M］．北京：中国人民大学出版社，2008.

［14］万鄂湘．涉外商事海事审判指导：第18辑［M］．北京：人民法院出版社，2009.

［15］林一飞．最新商事仲裁与司法实务专题案例：第二卷［M］．北京：对外经济贸易大学出版社，2009.

［16］杜新丽．国际商事仲裁理论与实践专题［M］．北京：中国政法大学出版社，2009.

［17］杨良宜．国际商务仲裁［M］．北京：中国政法大学出版社，1997.

［18］赵秀文．论《承认与执行外国仲裁裁决公约》在我国的适用［J］．国际贸易法论丛，2009，4（00）．

［19］何其生．国际商事仲裁司法审查中的公共政策［J］．中国社会学，2014（7）．

［20］刘馨蔚．一带一路法律先行　仲裁也要"随行"［J］．中国对外贸易，2019（11）．

［21］邹挺谦．公共政策在国际商事仲裁裁决承认与执行中的运用［J］．人民法治，2019（14）．

［22］刘晨希．中资企业在柬埔寨的投资法律风险及对策：基于"澜湄合作"背景下［J］．广西民族师范学院学报，2021，38（1）．

［23］杨玲．国际商事仲裁公共政策司法界定的实践与发展［J］．政治与法律，2010（11）．

［24］柬埔寨王国投资法：2021［EB/OL］.（2021-11-24）［2023-03-15］. http：//www.ciodpa.org.cn/uploadfile/2021/1124/20211124040227828.pdf.

［25］中华人民共和国商务部. 柬埔寨王国投资法修正法实施细则［EB/OL］.（2003-04-08）［2023-02-15］. http：//cb. mofcom. gov. cn/article/ddfg/200612/20061203918108.shtml.

［26］中华人民共和国商务部. 柬埔寨王国税法［EB/OL］.（2003-04-08）［2023-02-15］. http：//cb.mofcom.gov.cn/article/ddfg/200304/20030400081186.shtml.

［27］国家税务总局国际税务司国别投资税收指南课题组. 中国居民赴柬埔寨投资税收指南（2022）［EB/OL］.（2023-02-23）［2023-04-25］. http：//www. chinatax. gov. cn/chinatax/n810219/n810744/n1671176/n1671206/c2582023/5116199/files/2c36de6702414176a4c42f12a6b8e4b3.pdf.

［28］福建省商务厅. 企业对外投资国别（地区）营商环境指南：柬埔寨（上）［EB/OL］.（2022-03-15）［2023-03-05］. https：//swt.fujian.gov.cn/xxgk/jgzn/jgcs/dwtzyjjhzc/tpxw/202203/t20220315_5860406.htm.

［29］商务部国际贸易经济合作研究院等. 对外投资合作国别（地区）指南：柬埔寨（2021版）［EB/OL］.（2022-01-01）［2023-02-05］.https：//www.investgo.cn/upfiles/swbgbzn/2021/jianpuzhai.pdf.